Bertelsmann:
Ein globales Medienimperium
macht Politik

Expansion als Bildungsdienstleister und politische
Einflussnahme – internationale Perspektive

Thomas Barth (Hg.)

Anders Verlag

Hamburg 2006

Bertelsmann –Ein globales Medienimperium macht Politik.
Expansion als Bildungsdienstleister und politische Einflussnahme –
internationale Perspektive, Thomas Barth (Hg.)
Originalausgabe. Umschlaggestaltung Ambiente Marketing.
Copyright by Anders Verlag Hamburg 2006. Alle Rechte vorbehalten.
Druck und Vertrieb Books-on-demand Norderstedt www.bod.de
bis 2006-ISBN-10:   3-939594-01-6
ab 2007-ISBN-13:   987-3-939594-01-7

Veranstalterbeteiligungen und zuzurechnende Programme der RTL Group im bundesweiten Fernsehen

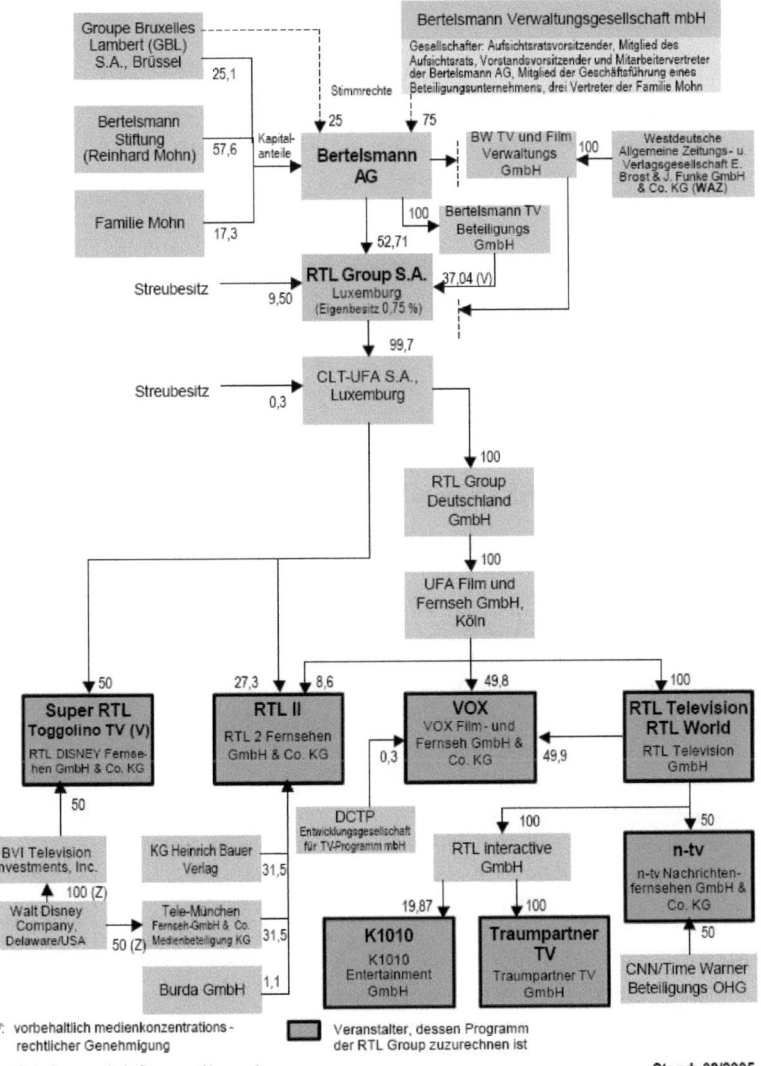

V: vorbehaltlich medienkonzentrations-
rechtlicher Genehmigung

Z : Zwischengesellschaften ausgeklammert

Veranstalter, dessen Programm
der RTL Group zuzurechnen ist

Stand: 08/2005

RTL-Group	Arvato	Random House	Gruner + Jahr	BMG	Direct Group

INHALTSVERZEICHNIS

Vorwort des Herausgebers

Kurz vor dem zweiten Hamburger Anti-Bertelsmann-Kongress im Juli 2006 liegt nun der erweiterte und aktualisierte Tagungsband für seinen Vorläufer vor.[1] Die Hauptredner des Jahres 2005 sind hier versammelt, entweder mit dem Transkript ihres mündlichen Vortrags oder mit ausführlichem, zumeist aktualisiertem Artikel zum Thema Bertelsmann. Der dreitägige Kongress fand mit Vorträgen, Diskussionen und Workshops im Rahmen der studentisch organisierten Freien Hamburger Hochschule statt. Diskutiert wurden vor allem Hintergründe und weitere Widerstandsmöglichkeiten gegen die maßgeblich vom Bertelsmann-Konzern initiierte und vorangetriebene neoliberale „Reform"-Walze, deren Opfer derzeit auch die kostenlosen Bildungschancen an deutschen Hochschulen zu werden drohen. Angesichts der durchdringenden Machtfülle Bertelsmanns erwies sich dieses Thema als geeignet, Gewerkschaften, Verbände, Gruppen wie ATTAC, kritische Wissenschaftler und viele andere in einer sozialen Bewegung zusammen zu führen, womit auch ein Vermächtnis des großen Soziologen Pierre Bourdieus angetreten wurde.[2] Finanziell unterstützt wurde der Kongress von den Asten der Uni, der TU und der FH Hamburg (HAW) sowie von der Rosa-Luxemburg-Stiftung und der GEW Hamburg; ideelle Unterstützung sicherten die Initiative Zahlungsunwilliger Studenten, der Asta der Uni Bremen und das DGB Campus Office zu.

Inzwischen hat sich ein bundesweites Netzwerk gebildet, um die –milde gesagt– nicht immer um Öffentlichkeit bemühten Aktivitäten des Konzerns und seiner Stiftung kritisch zu beobachten. Die Notwendigkeit dieser Arbeit ist, und das belegen zahlreiche Aufsätze in diesem Band, nicht nur ein Armutszeugnis für das deutsche Mediensystem, sondern auch für die etablierte und allzu oft von Bertelsmann gehätschelte Medienwissenschaft an deutschen Hochschulen. Die Medien und ihre Wissenschaft haben im Fall Bertelsmann bei ihrer wichtigsten Aufgabe in einer demokratischen Gesellschaft versagt: die Öffentlichkeit über die Aktivitäten wichtiger Machtgruppen im Medienbereich zu informieren und so eine demokratische Kontrolle von Medien und Staat durch die Öffentlichkeit überhaupt möglich zu machen. Doch die mächtigen Marketing-Strategen der Milliarden-Konzerne mit ihren gigantischen Werbeetats werden zur Kenntnis nehmen müssen, dass noch nicht alle Augen mit buntem Mediensand geblendet und nicht alle Köpfe mit ihren Parolen gefüllt sind.

---

[1] Vgl. Barth, T., Kongressbericht: Bertelsmann –ein Medienimperium macht (Hochschul-) Politik, Hamburg 15.-17.7.2005, Das Argument 262/2005, S.573f.; vgl. auch Artikel zu Bertelsmann auf www.telepolis.de.

[2] Vgl. Bourdieu, Pierre, Die sozialen Bewegungen zusammenführen, ohne zu vereinheitlichen, in: Bourdieu, P. u.a. (Hg.), Neue Wege der Regulierung: Vom Terror der Ökonomie zum Primat der Politik, Hamburg 2001, S.12-25.

Eine kleine, aber stetig wachsende Gruppe kritischer Medienbeobachter hört nicht auf, dem gewaltigen finanziellen, ideologischen und medialen Druck der Bertelsmann AG nebst Bertelsmann Stiftung Widerstand zu leisten und ihre Machenschaften aufzuklären und ans Licht der Öffentlichkeit zu zerren. In einem weiteren Kongress werden im Juli 2006 erneut der Bertelsmann-Konzern, seine Stiftung, seine politischen Strategien, Akteure und Seilschaften kritisch diskutiert. Das Motto 2006 greift die auch von und mit Bertelsmann lancierte Kampagne „Du bist Deutschland" auf: „Du bist Bertelsmann" –Wie ein globaler Drahtzieher Medien, Bildung und Politik steuert.

Die hier vorliegende Dokumentation soll den vor einem Jahr erreichten Kenntnisstand festhalten, vertiefen und einer breiteren Öffentlichkeit zugänglich machen. Die Beiträge wurden nur leicht redigiert, so dass verschiedene Stile, auch in Zitierweise, Umgang mit neuer Rechtschreibung und Eigenheiten erhalten blieben, einige Autoren setzen so z.b. „neoliberal" in Anführungszeichen, andere die „Reformen". Erhalten blieben auch gewisse inhaltliche Überschneidungen bezüglich der Darstellung des Bertelsmann-Konzerns und seiner Stiftung. Dies führt zu Wiederholungen, hat jedoch den Vorteil, dass die Beiträge auch jeder für sich gelesen werden können. Gleichwohl wird hier auch der Versuch einer inhaltlichen Ordnung gemacht, von historischen und konkreteren hin zu globaleren und künftigen Perspektiven; von der Problematik von Demokratie, Pressefreiheit und Medienmacht zur Bildungspolitik und schließlich zur globalen Perspektive auf den *global player* Bertelsmann als Bildungsdienstleister und Akteur auf der Bühne der WTO- und GATS-Verhandlungen. Der Ausblick zu Controlling und Demokratie appelliert an die Medienwissenschaften, sich nicht zunehmend um die politische Dimension ihres Gegenstandsbereiches herum zu lavieren, und schlägt den Bogen über die gesellschaftlichen Auswirkungen neuer Kontrollformen hin zur Frage nach ideologischen Hintergründen und künftigen Zielen der Gütersloher Kampagnen. Dieser Tagungsband wurde allein mit Mitteln des Günther Anders Institutes für Medienethik und Technikphilosophie erstellt, wobei Dank auch den Teilnehmern des Kongresses 2005 gebührt sowie den in vielen Städten daraus erwachsenen Anti-Bertelsmann-Initiativen für Diskussionen, Anregungen, Korrekturen und Unterstützung sowie nicht zuletzt dem Freien Sender Kombinat (FSK Hamburg) für die Aufzeichnung der Vorträge, ohne die einige der hier vorgestellten Texte nicht zustande gekommen wären.

Einleitung

Thomas Barth: Staunen über einen unsichtbaren Medien-Moloch

> Die Beflissenheit, mit der die politische Klasse die neoliberalen Losungen herunterbetet, drückt jene >freudeschlotternde Zustimmung< aus, die Brecht im *Aufhaltsamen Aufstieg des Arturo Ui* vorführt.
>
> Wolfgang Fritz Haug [3]

Wagte man es bislang medienkritische Aufmerksamkeit auf Bertelsmann zu lenken, erntete man nicht selten ungläubiges Staunen: Das könne gar nicht sein, ein biederer Buchklub sei doch kein Medienimperium, zumal er sich doch seit jeher um die Volksbildung verdient gemacht habe und seine Gewinne in die renommierte Bertelsmann Stiftung investiere...

Soweit das bescheidene Image in der breiten Öffentlichkeit, wie es der Konzern unter Führung und im Sinne des Firmenpatriarchen **Reinhard Mohn** (womöglich der mächtigste Mann Deutschlands)[4] aufgebaut und gepflegt hat. Die gewaltige globale Ausbreitung der Bertelsmann AG und ihre nur von wenigen anderen *global players* erreichte Vielfalt in der medialen Produktpalette wird vom Konzern selbst nicht an die große Glocke gehängt. Eine Erklärung dafür gibt der Konzern der Öffentlichkeit nicht, es sei denn, man würde die zahlreichen Bekenntnisse seines Patriarchen Reinhard Mohn zur Zurückhaltung und Bescheidenheit als solche akzeptieren.[5] Interne Berichte aus den Führungsetagen des Mediengiganten sprechen jedoch eine andere Sprache. So klagte 1980 Ulrich Wechsler, damals Chef der Bertelsmann-Verlagssparte, vor anderen Führungskräften des Konzerns: „Aber in Deutschland ist ja Größe als solche schon etwas dubioses; und Größe im Medienbereich ist nicht nur dubios, sondern verwerflich."[6]

Man ist sich in den Konzernen also durchaus bewusst, dass die gewaltige Zusammenballung wirtschaftlicher und medialer Macht, die sie

---

[3] Haug, W.F., Untergang der deutschen Linksregierung –Aufstieg der Linkspartei, Das Argument 262/2005, S.451-458, S.455.

[4] So jüngst Albrecht Müller in seiner Analyse deutscher Machteliten: Machtwahn. Wie eine mittelmäßige Führungselite uns zugrunde richtet, München 2006, S.98.

[5] Vgl. z.B. Mohn, R., Die gesellschaftliche Verantwortung des Unternehmers, München 2003, S.50 ff.

[6] Materialien zum Führungskräfteseminar, Bertelsmann Berichte 7/1980, zit.n. Lehning, Thomas, Das Medienhaus: Geschichte und Gegenwart des Bertelsmann-Konzerns, München 2004, S.279. Die in Hamburg vorgelegte Dissertationsschrift Lehnings ist eine der ganz seltenen Arbeiten, die Bertelsmann kritisch unter die Lupe nehmen. Lehning gilt heute leider bei seinem Verlag und an seinem Hamburger Institut als nicht mehr auffindbar.

repräsentieren, denen dubios erscheint, die dieser Macht ausgesetzt sind, ohne genügend Möglichkeiten zur demokratischen Kontrolle und Beeinflussung zu haben. Solche Möglichkeiten stehen in einem demokratischen Gemeinwesen in Form der Wirtschafts- und Finanzbehörden zur Verfügung, etwa Gewerbeaufsicht, Kartell- und Steuerbehörden, in der Wissenschaft, sofern sie objektiv und unabhängig ist, und in den Medien, deren Hauptaufgabe es unter anderem ist, die Bürger über Aktivitäten bedeutender Machtgruppen zu informieren. Letzteres wird insbesondere dann problematisch, wenn die Medienkonzentration dazu führt, dass Medien sich selbst in mächtige Akteure des Wirtschaftslebens verwandeln. Ein Journalist hat kaum die Möglichkeit, kritisch über seine eigene Firma zu berichten, allenfalls vielleicht noch über ein Konkurrenzblatt. Doch da gibt es dann noch das Prinzip der Krähe, die einer anderen kein Auge aushackt.

Der ehemals pietistische Provinzverlag Bertelsmann ist längst zu einem mächtigen globalen Medienimperium herangewachsen. Als Vorkriegsverlag für militaristische Landser-Romantika und nach Kriegsbeginn als Großlieferant von trivialer Frontliteratur für die Wehrmacht machte sich das Familienunternehmen für Goebbels Propaganda- und Entertainment-Programm unentbehrlich und eroberte erhebliche Marktanteile in der NS-Kriegswirtschaft. Kurz vor Kriegsende bei illegalen Papierschiebereien ertappt, strickten die Gütersloher aus dem daraus folgenden Verbot später ihre Legende vom christlichen Widerstandsverlag. Bertelsmann leugnete erfolgreich seine Nazi-Geschäfte, erschlich sich damit eine Verlagslizenz von den Alliierten und startete mit den Wettbewerbsvorteilen seiner unter NS-Herrschaft etablierten Strukturen und beiseite geschafften Ressourcen in die Nachkriegswirtschaft.[7] Heute übt der Konzern besonders über seine Stiftung und die mit ihr verbundenen Organisationen (Centrum für Hochschulentwicklung, Centrum für Angewandte Politikforschung etc.) immensen politischen Einfluss aus. Von Bertelsmann bezahlte, gesponserte oder sonstwie beeinflusste Experten sitzen in Gremien der europäischen Medien-, Wirtschafts-, Sozial- und selbst der Außen- und Sicherheitspolitik.

Zusammenhänge von Medien, Ökonomie und Politik zu analysieren und bekannt zu machen, sollte beim Versagen der medialen Information der Öffentlichkeit immerhin die Wissenschaft übernehmen können. So warnte Ende der 60er-Jahre z.B. der Medienwissenschaftler Peter Glotz vor Gefahren der ökonomischen Konzentration in den Medien.[8] Später aber wurde er auch durch Förderung seitens des Gütersloher Konzerns zu einem einflussreichen

---

[7] Vgl. Böckelmann, Frank und Hersch Fischler, Bertelsmann, Hinter der Fassade des Medienimperiums, Frankfurt/M. 2004, S.69 ff.; Schuler, Thomas, Die Mohns, Frankfurt/M. 2004, S.135 ff.

[8] Vgl. Becker, Jörg, Der Bertelsmann-Konzern, in: Prokop, Dieter, Medienforschung, Bd.1: Konzerne, Macher, Kontrolleure, Frankfurt 1985, S.48-82, S.74.

Promoter verschiedener Bertelsmann-Konzerninteressen, etwa der Bildungsprivatisierung. Bekanntlich widmet sich Bertelsmann hierzulande insbesondere sogenannten Schul- und Hochschulreformen. Dies ist kein Zufall, denn die wirtschaftlichen Eigeninteressen des traditionell auch im Bildungsbereich tätigen Medienkonzerns zielen auf eine Kommerzialisierung der Bildungslandschaft ab. Glotz machte sich als Bildungsexperte der SPD für Studiengebühren und Elite-Universitäten stark, Medienkritik war von ihm weniger zu vernehmen. Statt dessen erhielt er von der Bertelsmann-Stiftung vielfach Aufträge für Beratung und Mitwirkung an Stiftungspublikationen und schließlich sogar eine großzügig ausgestattete Stiftungsprofessur für Medienökonomie an der Universität im Schweizerischen St. Gallen.[9] Die dort geleisteten Forschungsarbeiten des Medienprofessors Glotz, seiner Assistenten, Kollegen und Studenten machten nicht durch ihre ausgeprägte Kritikfähigkeit gegenüber politischer, kultureller und gesellschaftlicher Einflussnahme Bertelsmanns von sich reden.

Die wissenschaftliche, journalistische und politische Beobachtung des Bertelsmann-Konzerns lässt also bislang sehr zu wünschen übrig. Und so staunen viele bereits über die nicht unbedingt geheimgehaltene (was auch nicht möglich wäre), aber in der Öffentlichkeit auch nicht sonderlich bekannt gemachte Verflechtung diverser renommierter Massenmedien mit Konzernteilen Bertelsmanns. Im einzelnen sind da zu nennen: die Fernsehsender der RTL-Gruppe, der Zeitschriftenverlag Gruner und Jahr (Stern, Capital, Geo usw.), der weltgrößte Buchverlag Random House, das weltgrößte Musikkonsortium SonyBMG (Bertelsmann Musik Group), der Logistik- und Online-Dienstleister Arvato, neben RTL der Hauptumsatzbringer des Medienkonzerns. Verflechtungen bestehen bzw. bestanden zum SPIEGEL und auch zur ZEIT-Stiftung, was Reinhard Mohn eine bedeutende, aber kaum wahrgenommene Machtposition im linksliberalen Mediensegment sichert. Selbst kritische Medienbeobachter sahen die Gütersloher –ohne die damals langsam anlaufende Machtausübung über die Konzern-Stiftung wahrgenommen zu haben– bis vor einigen Jahren noch als eine Art kleineres Übel unter den Medienriesen, sie seien z.B. „....vielleicht kein Korrektiv, aber immerhin eine private Konkurrenz zum totalen Kirch-Fernsehen."[10]

Insgesamt haben wir mit den provinziell anmutenden Güterslohern den in der Vergangenheit zeitweise mächtigsten Medienkonzern der Welt vor uns, derzeit mit „nur" 17 Milliarden Euro Umsatz auf Platz fünf der Weltrangliste zurückgefallen, hinter die US-Konzerne Time Warner (AOL), Disney,

---

[9] Vgl. den Beitrag von Hersch Fischler in diesem Band.

[10] Wisnewski, G., Die Fernsehdiktatur: Kippen Medienzaren die Demokratie? München 1995, S.211.

Viacom (CBS/MTV) und den Australier Rupert Murdoch mit seiner News Corp.[11]

Nun gut, das sei ein Medienimperium, hört man an dieser Stelle des Aufklärungsprozesses, der jedoch oft ein weiterer Einwand folgt: Aber die Bertelsmann Stiftung! Die sei doch über jeden Zweifel erhaben, ein wahrhaftiges Beispiel für großindustrielles Mäzenatentum ohne jeden politischen oder ökonomischen Hintergedanken. Die Bertelsmann Stiftung mache so schöne Leseforschung, kümmere sich um Schlaganfallopfer und vergebe Preise an Schulen, das sei doch alles sehr lobenswert.

So stellt sich das sorgsam in der Öffentlichkeit lancierte und gepflegte Image dar. Einige der Aktivitäten sind tatsächlich lobenswert, weit weniger zwar, als die mit professionellem Marketing betriebene Selbstdarstellung der Bertelsmann Stiftung glauben macht, aber wer wollte z.B. etwas gegen einen „Markt mit Moral" haben oder gegen „Verantwortung im Internet"?[12]

Leider zeigt sich bei genauerem Hinsehen, dass hinter Projekttiteln, die moralisch hoch aufgeladen daher kommen, oft doch nur die üblichen neoliberalen Lobgesänge auf den Markt stecken. Wer die Website der Bertelsmann Stiftung anklickt, findet dort alles mögliche, aber es dominiert die übliche Litanei des Neoliberalismus: „Haushaltsnotstand droht: Alle Bundesländer müssen Ausgaben kürzen", „Deutschland vor der Wahl - Heute: Bürokratieabbau".[13] Der Grundtenor bleibt immer der gleiche: weg mit dem Staat, die Kassen sind leer.

Auf vielen gesellschaftspolitischen Feldern propagiert die Bertelsmann Stiftung heute die alte, abgestandene Ideologie der 80er- und 90er-Jahre, den Neoliberalismus, unter dessen Banner sich Monetaristen, Neokonservative, Thatcheristen, Reagonomics und Marktradikale zum Sturmangriff auf den Sozialstaat versammelt hatten. Ihre Strategie: Die rücksichtslose Durchsetzung von Finanz- und Machtinteressen der großen multinationalen Konzerne durch Reduzierung der Lohn- und Staatsquote am Bruttosozialprodukt. Der Sozialstaat soll finanziell ausbluten zu Gunsten einer Welle von Steuersenkungen und Privatisierungen, die perfide mit einer angeblich so und nur so möglichen Bekämpfung der hohen Arbeitslosigkeit begründet wurden. Doch Jahr um Jahr, das die schwarzgelbe Kohl-Regierung

---

[11] Vgl. Hachmeister, Lutz u. Rager, Günther, Wer beherrscht die Medien? Die 50 größten Medienkonzerne der Welt. Jahrbuch 2005, München 2005.

[12] Bertelsmann-, Nixdorf- u. Ludwig-Erhard-Stiftung (Hg.), Markt mit Moral: Das ethische Fundament der Sozialen Marktwirtschaft. Beiträge einer Fachkonferenz, Verlag Bertelsmann Stiftung, Gütersloh 1994; Waltermann, J. u. Marcel Machill (Hg.) Verantwortung im Internet. Selbstregulierung und Jugendschutz, Verlag Bertelsmann Stiftung, Gütersloh 2000.

[13] Vgl. www.bertelsmann-stiftung.de/cps/rde/xchg/stiftung (September 2005).

diese Politik verkündete und mit Abbau von Sozialleistungen und Arbeitnehmerrechten stückweise in die Tat umsetzte, stieg die Arbeitslosigkeit.

Stimmen, die danach riefen, es doch nun endlich einmal wieder mit Keynes zu versuchen, mit einer Nachfragesteigerung, mit Lohnerhöhung und Besteuerung hoher Einkommen, wurden kaum gehört. Die Erfolge der keynesianischen Wirtschaftspolitik, deren Substanz in der Öffentlichkeit auf das Schuldenmachen reduziert wurde,[14] wurden kleingeredet und weggelogen, ihre theoretische Weiterentwicklung ebenso verschlafen wie ihre praktische Anwendung.[15] Die Arbeitslosigkeit hatte die Unions/FDP-Regierung mit dieser Politik schon vor der deutschen Einheit verdoppelt, die Staatsverschuldung dabei keineswegs abgebaut: der Zinsdienst betrug schon 1985 12% des Steueraufkommens, gegenüber nur 8% 1980.[16] Angesichts katastrophaler Auswirkungen des Neoliberalismus nicht nur auf Gesellschaft und Sozialstaat, sondern auch auf alle nicht exportorientierten Bereiche der heimischen Wirtschaft, gibt es inzwischen sogar im Spektrum maßvoller Konservativer zuweilen zaghafte Aufrufe zu weniger Marktradikalität und einer Besinnung auf keynesianische Ansätze.[17]

Die jährlich wiederkehrenden Misserfolge neoliberaler Rezepte wurden in den Medien über zweieinhalb Jahrzehnte hinweg vertuscht und anderen in die Schuhe geschoben: die Gewerkschaften, die Sowjets, die Asylanten, die Manteltarifverträge, die Ölscheichs, die Alt-68er, die Betriebsräte, die Türken, die Grünen –alle waren Schuld am Ausbleiben der Arbeitsplätze, nur die neoliberale „angebotsorientierte" Steuersenkungspolitik nicht.[18] Die Mainstream-Medien, allen voran Bertelsmann, trommelten ungerührt für mehr Deregulierung, Privatisierung, Kommerzialisierung. Der Abbau sozialer Rechte wurde zu „Reformen" hochstilisiert, jeder Widerstand dagegen als „Besitzstandswahrung" diffamiert; als wäre das Privileg, mittels Kapitalbesitz Profite zu machen, eine schwere Bürde, das Recht, für harte Arbeit wenigstens nach Tariflohn bezahlt zu werden, aber ein ungebührlicher Besitzstand. Mediale Macht macht es möglich, diese Sicht der Dinge bei viel zu vielen durchzusetzen, kombiniert mit der subtileren ideologischen

---

[14] Vgl. Müller, C. u. Lafontaine, O., Stehvermögen, in: Heseler, H., Huffschmidt, J. u.a. (Hg.), Gegen die Markt-Orthodoxie. Perspektiven einer demokratischen und solidarischen Wirtschaft, Hamburg 2002, S.106-109, S.107.

[15] Vgl. z.B. Schui, H. u. S. Blankenburg, Neoliberalismus: Theorie, Gegner, Praxis, Hamburg 2002; Zinn, K.G., Der Kapitalismus der nächsten Generation, in: Hickel, R., Kisker, K.P.u.a. (Hg.), Politik des Kapitals –heute, Hamburg2000, S.74-90, S.85 f.

[16] Vgl. Steffen, J., Jansen, A., Redaktion Sozialismus, Bilanz der Ära Kohl: Sozialabbau und Umverteilung, Supplement Sozialismus Nr.5 1998, S.5, 51.

[17] Vgl. Machold, U., Keynes? Ja, aber intelligent, „Welt am Sonntag" Nr.27/2004.

[18] Vgl. Müller 2006, S.88 ff.

Einflussnahm durch den neoliberalen Think Tank Bertelsmann Stiftung sogar bis tief hinein in die Führungskreise des linken und grünen Spektrums, wie die Beiträge in diesem Band eindrucksvoll dokumentieren konnten.

Ob Globalisierungs-, Demographie- oder Reformlügen, Bertelsmann-Medien waren immer mit dabei, oft besonders effektiv, weil auf anderen Politikfeldern durchaus auch mal links und kritisch. Aber wenn die neoliberalen Dogmen des Segens von Lohn- und Steuersenkung in Gefahr geraten, gibt Gütersloh kein Pardon. Und so prügelte beispielsweise der „Stern" vor der Bundestagswahl 2005 wütend auf Oskar Lafontaine ein: „**Verräter** nennt ihn die SPD", „Er will raus aus dem politischen Nirwana", „ein Bourgeois auf dem Sozialamt", „hat sich ins Kirchenasyl geflüchtet", „will der Auferstandene sein, wenn Schröder gekreuzigt wird." „Dafür redet er... bis alle besoffen sind."[19] Vor dem in diesem Band dargelegten Hintergrund ergibt solche Heftigkeit ihren politischen Sinn im Rahmen der Bertelsmann-Strategie über Medienmacht und Stiftungseinfluss Öffentlichkeit, Parteien und Politiker nach dem Gutdünken der Gütersloher zu steuern. Parteibasis und Wählerschaft ließ sich freilich weniger leicht einwickeln als ihre rotgrüne Führungsriege und stärkte den als Verräter geschmähten und seine neue Partei.

So wird heute, trotz eines propagandistischen Sperrfeuers aus medialen Jubelmeldungen, gepaart mit verbissenem Verschweigen jeglicher Kritik, zunehmend deutlicher wahrgenommen, was bis vor kurzem an der Fassade Bertelsmanns noch abperlte. Es mehrt sich die Kritik, die Bertelsmann Stiftung –Haupteigentümerin des Konzerns und personell eng mit ihm verwoben– nehme politischen Einfluss sowohl im Sinne neoliberaler Konzepte wie auch im Sinne der Privatinteressen der Bertelsmann AG. Die Kompetenz der Stiftung in Sachen PR und Marketing ist dabei unbestritten – stand doch der prominente Marketing-Professor Meffert bis Ende 2005 an ihrer Spitze.[20] Doch ihre wissenschaftliche und politische Unabhängigkeit erscheint heute vielen zweifelhaft, gerade was ihre Aktivitäten im Bildungsbereich angeht.

Den meisten Studenten, die gerade unter der Einführung von Studiengebühren leiden, ist ein heimlicher Ableger des Konzerns bzw. seiner Stiftung ein besonderer Dorn im Auge: Das Gütersloher „Centrum für Hochschulentwicklung" (CHE). Wie kaum ein anderer Akteur ist das CHE in der Hochschulpolitik allgegenwärtig, wurde bis vor Kurzem selbst von kritischen Beobachtern der neoliberalen Bildungspolitik noch kaum in seiner

---

[19] Rosenkranz, J.u.Eva Häberle, Das rote Gespenst, Stern Nr.36/2005, S.30-34.

[20] Vgl. www.bertelsmann-stiftung.de/cps/rde/xchg/stiftung/hs.xsl/9264_9344.html.

Bedeutung wahrgenommen.[21] Gegründet wurde das CHE 1994 von der Bertelsmann Stiftung, die das Zentrum überwiegend finanziert, und der Hochschulrektorenkonferenz (HRK). Auch in Hamburg nahm das CHE vielfältig Einfluss, so bei der Auflösung der Hamburger Universität für Wirtschaft und Politik (HWP), einer Hochschule, die sich schon seit langem Berufspraktikern auch ohne Abitur geöffnet hatte. Die HWP wurde jüngst dem Fachbereich Wirtschaftswissenschaften der Uni Hamburg einverleibt, da halfen ihr auch die hastig eingeführten Bachelor-Abschlüsse nicht. In diesem Umfeld fand im Juli 2005 der medienkritische Kongress statt, dessen Hauptbeiträge in diesem Band versammelt sind, teils als Transkripte der Vorträge, teils als von den Referenten eingereichte Manuskripte. Die Hochschul- bzw. Bildungspolitik klingt in den meisten Beiträgen als Haupt- oder wichtiges Teilthema an.

Den Anfang macht ein Grundsatzreferat von **Eckart Spoo**, Veteran der legendären Anti-Springer-Kampagnen und Herausgeber der Zeitschrift „Ossietzky", der das Thema Demokratie und Medien aufwirft und vor Gefahren ökonomischer Macht vor allem in diesem von regionalen Monopolen geprägten Bereich warnt. Er kritisiert die mediale Manipulation durch verzerrte, unterdrückte wo nicht gleich gefälschte Nachrichten im Dienste der Kapitalinteressen. Am Fall des Verlegers DuMont und anderer erörtert Spoo das Problem der „inneren Pressefreiheit", der Freiheit der Redakteure von Gängelung durch den Verleger. Springer, Holtzbrinck, WAZ, Bauer und Bertelsmann werden als Oligopolisten des Pressemarktes einer kenntnisreichen Kritik ihres ideologisch einseitigen Verlautbarungsjournalismus unterzogen, Kriegsberichterstattung und Infotainment inbegriffen. An prominenten Beispielen wie Ronald Schill und Gerhard Schröder belegt Spoo seine Hauptthese: Hochkonzentrierte, weitgehend monopolisierte Medien erdrücken die Demokratie. Sein historischer Abriss zur Pressefreiheit gipfelt im Diktum von Karl Marx: „Die erste Freiheit der Presse besteht darin, kein Gewerbe zu sein" und dem kämpferischen Fazit: Getarnte Propaganda statt Aufklärung sei die tägliche Pervertierung der Presse.

Hersch Fischler hielt den Eröffnungsvortrag des Kongresses. Als investigativer Journalist wohlbekannt, zuletzt etwa mit Enthüllungen zur Verwicklung des bekannten Historikers Hans Mommsen und des Berteslmann-Magazins „Spiegel" in die Propagierung der umstrittenen

---

[21] Vgl. Kimmich, D. u. A.Thumfart, Universität und Wissensgesellschaft: Was heißt Autonomie für die moderne Hochschule?, in: dies. (Hg.), Universität ohne Zukunft? Frankfurt 2004, S.7-35, S.10.

Einzeltäterthese zum Reichstagsbrand 1933,[22] zeichnete er sich auch dadurch aus, ein hartnäckiger und trotz aller Widerstände publizistisch erfolgreicher Kritiker des Bertelsmann-Konzerns zu sein. Nicht zuletzt ist er auch Mitautor der schärfsten der bislang erst wenigen kritischen Bertelsmann-Analysen.[23] Seine Recherchen über die NS-Vergangenheit des nur vermeintlich sauberen Medienimperiums waren es, die überhaupt erst die jetzt anlaufende Welle der kritischen Beachtung für die Gütersloher angestoßen haben. Bezeichnend ist, dass er seine 1998 gewonnenen Ergebnisse in Deutschland zunächst nicht veröffentlichen konnte. Erst über die Neue Zürcher Zeitung und US-Medien gelangten seine Erkenntnisse ans Licht der Öffentlichkeit, freilich ohne bis heute angemessene Resonanz in deutschen Medien gefunden zu haben –das allein wäre schon ein Medienskandal, der an der hochgepriesenen Pressefreiheit in unserem Land zweifeln lässt.

Hersch Fischler konkretisiert im eigens für diesen Band erstellten Überblicksreferat die von Eckart Spoo aufgezeigten Gefahren am Beispiel der Gütersloher. Sein großer Überblick über die dunklen Seiten der Konzerngeschichte und –politik konzentriert sich auf die Bertelsmann Stiftung, die er unter anderem als Urheberin der rot-grünen „Reform"-Politik ausmacht. Die Stiftung sei ein heimlicher politischer Akteur, durch ihre professionelle PR-Arbeit gut getarnt, aber mit nahezu übermächtigem Einfluss ausgestattet, was gerade die linken Kritiker der Reformagenda 2010 ebenso wie die gesamte publizistische Öffentlichkeit bislang nicht wahrgenommen hätten. Anders als etwa die „Initiative Neue Soziale Marktwirtschaft", die schnell als propagandistische Söldnertruppe des Arbeitgeberlagers entlarvt wurde, wende sich die Bertelsmann-Stiftung nicht an das breite Publikum, sondern betreibe hinter den Kulissen höchst effiziente Lobbyarbeit von ungeheuerlichem Ausmaß; allein ihre finanziellen Aufwendungen in der letzten Dekade beziffert Fischler mit 400 Millionen Euro. Über seine Stiftung wirke der Konzern in Deutschland und Europa auf schwer zu überblickende Weise an fast allen rotgrün-neoliberalen Sozialabbau-„Reformen" (Hartz I, III, IV, Agenda 2010) mit und beeinflusse viele weitere Politikfelder von der Gesundheits- bis zur Sicherheitspolitik.

Reinhard Mohns Führungsideologie wird von **Hersch Fischler** als ideologischer Hintergrund der neoliberalen „Reform"-Walze der letzten zwei Jahrzehnte ausgemacht. Der Beitrag verfolgt in einer Rückblende die NS-

---

[22] Fischler, H., Hans Schneiders unvollendetes Manuskript „Neues vom Reichstagsbrand?". Ein unbequemer Forschungsbericht und seine Unterdrückung im Münchner Institut für Zeitgeschichte, in: Schneider, H., Neues vom Reichstagsbrand? Eine Dokumentation. Ein Versäumnis der deutschen Geschichtsschreibung, Berlin 2004, S.37-52. Vgl. a. Schulski-Haddouti, Christiane, Der Reichstagsbrand, www.telepolis.de (25.02.2006).

[23] Böckelmann, Frank und Hersch Fischler, Bertelsmann: Hinter der Fassade des Medienimperiums, Frankfurt/M. 2004.

Vergangenheit des Konzerns, der sich keineswegs als Widerstandsverlag hervortat, wie später behauptet, sondern erst mit Kriegsbüchern Stimmung machte, um während der Kampfhandlungen dann im Rahmen einer medialen Ablenkungsstrategie mit seichter Unterhaltung über das zuvor glorifizierte Kriegselend hinweg zu täuschen. Hersch Fischler ermittelte geradezu kriminalistisch wie die Familie Mohn nach dem Krieg die Pressekontrolle der Alliierten austrickste, um wieder in den Besitz ihrer Verlagslizenz zu gelangen. Gerade diese investigativen Rechercheleistungen war es, die ab 1998 die bis dato blütenweiße Firmenfassade der Gütersloher bröckeln ließ.

Fischler verfolgt dann die Bertelsmann-Geschichte über die Kooperation mit Gruner und Jahr und Bucerius (Hamburger Kumpanei) bis zur kurzfristigen, nach heftiger Kritik schnell wieder aufgelösten Fusion mit dem Springer-Konzern und dem Einstieg ins Privatfernsehen. Fischler wendet sich schließlich auch der Politik der Bertelsmann Stiftung zu, deren Leitlinien patriarchalisch von Reinhard Mohn bestimmt werden und die mit der neoliberalen Agenda identisch sind: Der Konzernchef will alle wirtschaftspolitischen Probleme mit der Flexibilisierung des Arbeitsmarktes, der Senkung von Lohn- und Lohnnebenkosten und der Senkung der Staatsausgaben mittels weitgehender Privatisierung öffentlicher Leistungen und Güter lösen.

Für den auf dem Kongress zentral thematisierten Hochschulbereich sieht die so umrissene neoliberale Politik vor allem eine Kommerzialisierung der Bildung vor. An die Basis des Bildungssystems führt der Beitrag von **Horst Bethge** zu einem konkreten Beispiel: Der Einführung betriebswirtschaftlicher Methoden im Bereich der Hamburger Schulbehörde seit 1997. Auch Bethge, der in seinem Beitrag Bertelsmanns Schulpolitik als Invasion der Kennziffern im Schulalltag bezeichnet, sieht diese „Reformen" eingebettet in einen größeren Feldzug zur Privatisierung des Bildungswesens. Der Hamburger Personalrat, also der Betriebsrat der Schulbehörde, wurde damals unverhofft mit einem Wechsel administrativer Strategie konfrontiert: vom üblichen kameralistischen Denken in Planstellen sollte es zum Marketing-Denken in „Produktbeschreibungen" und ihrer Erfassung in Kennziffern gehen. Begonnen hätten die Eingriffe der Bertelsmann Stiftung in die Schulpolitik mit der scheinbar gänzlich uneigennützigen Förderung einzelner Projekte. Die ersten Gelder flossen in eine Best-practise-Studie über nordamerikanische Schulen, um Methoden, organisatorische Abläufe und Finanzierungsmodelle vorzuführen. In der zweiten Stufe setzte Bertelsmann Preise aus, um durch Belobigung und Einsatz seiner Finanzmacht Zielrichtungen für den Schulalltag vorzugeben, zunächst aus einer Rolle des gütigen Förderers heraus.

1995 wurde der Konzernchef Reinhard Mohn selbst Mitglied der großen Reform-Kommission „Zukunft der Bildung – Schule der Zukunft", die für eine Neuorganisation der Schulen eintrat. Es kam zu einer informellen Institutionalisierung der schulpolitischen Beratung der NRW-Landesregierung durch die Bertelsmann Stiftung. 1997 wurde das Projekt „Schule & Co", zunächst im Kreis Herfurth und der Stadt Leverkusen an 52 Schulen umgesetzt, 2005 waren es bereits 90 Schulen. NRW-weit wurde im Modell „selbstständige Schulen" Betriebswirtschaft in Lehrerzimmer und Klassenräume gebracht: Kosten-Nutzen-Analyse, Personalbewirtschaftung, Out-Sourcing, Kennziffern statt Zensuren. Die Kultusministerkonferenz hat sich, so **Horst Bethge** weiter, der Linie von Bertelsmann inzwischen angeschlossen und fordert Controlling mit Kennziffern und dem betrieblichen Steuerungsinstrument R3 der Unternehmens-Softwarefirma SAP. Diese Einführung computergestützten Workflowmanagements kranke jedoch an einem grundlegenden Denkfehler: den Menschen als Produkt zu sehen und die Bildung auf eine Stufe mit Dienstleistungen zu stellen. Dennoch sei dies die Strategie der Bertelsmann-Schulpolitik, wie sie jetzt bundesweit das ganze Schulsystem erfassen soll, im neoliberalisierten Konsens aller SPD/Grünen/FDP/Unions-Bildungsadministrationen. Dies sei, so folgert Bethge schließlich, die regionale und nationale Variante der von Bertelsmann forcierten Lissabon-Strategie der EU, die Ranking- und Best-Practise-Verfahren aus der Industrie in die Bildung holen wolle.

Die Lissabon-Strategie ist Teil einer neoliberalen Politik, die vor allem eine Kommerzialisierung der Bildung vorsieht. Dass die Propagierung von Studiengebühren in diesem Sinne überall im politischen Spektrum von Bertelsmann betrieben wurde, macht der Beitrag von **Oliver Schöller** (WZB) deutlich, der die Bündnisstrategien Bertelsmanns bis hin zur gewerkschaftsnahen Böckler- und zur grünen Böll-Stiftung nachzeichnet. Immer mehr ehemals staatlich erbrachte Leistungen, so Schöller, werden heute durch private Unternehmen oder in Zusammenarbeit mit ihnen in *Public Private Partnership* erbracht, wobei Unternehmensstiftungen tragende Akteure seien. Stiftungen seien zwar bürgerschaftliches Engagement, aber eben auch Instrument der herrschenden Klasse zur gesellschaftspolitischen Einflussnahme. Ausgehend von diesem Doppelcharakter analysiert der Beitrag Aktivitäten der Gütersloher von der Bildungskommission NRW, die in staatlichen Schulen Kostenbewusstsein durch ein quasi-betriebswirtschaftliches Controlling- und Berichtswesen einführen wollte, über das Centrum für Hochschulentwicklung (CHE), das studentisches Lernverhalten mittels Studiengebühren stärker an einer individuellen Kosten-Nutzen-Rechnung ausrichten möchte, bis hin zur Variation dieser Grundidee bei Böckler- und Böll-Stiftung.

Die bildungspolitischen Aktivitäten der Bertelsmann-Stiftung umfassen mittlerweile vielfältige institutionelle Kooperationen und personelle Verflechtungen quer durch alle Bundesländer und sind, so **Oliver Schöller**, kaum noch zu überschauen. Die Verschiebungen des bildungspolitischen Diskurses zugunsten betriebswirtschaftlicher Konzepte sei das Ergebnis zivilgesellschaftlicher Aktivitäten stiftungsförmiger *think tanks*, insbesondere der Gütersloher. Mit der von ihnen immer mehr durchgesetzten Vermarktwirtschaftlichung des Bildungssystems vollziehe sich insgeheim auch seine Entdemokratisierung. So sei die Herstellung autonomer Bildungseinrichtungen, die über ihren Haushalt selbst bestimmen, mit der Einrichtung von exklusiven Gremien verbunden, welche die Bildungseinrichtungen repräsentieren sollen. Das Mitspracherecht der Mitarbeiter und der durch sie gewählten Gremien werde dabei jedoch zunehmend ausgehebelt. Im Rahmen der Auflösungsprozesse staatlicher Strukturen, sehen wir uns, so Schöllers Fazit, mit einem altbekannten Phänomen konfrontiert –dem Bandenwesen: Immer dann, wenn sich gesellschaftliche Ordnungsstrukturen aufzulösen beginnen, tauchen private Akteure auf, die in dem entstehenden Machtvakuum ihre egoistischen Interessen verfolgen. Dieser kriminalistisch inspirierten Cui-Bono-Perspektive erschließen sich letztlich viele „Reform"-Projekte als gezielte Auflösung staatlicher Strukturen mit dem möglichen Zweck, besagtes Machtvakuum überhaupt erst zu erzeugen, das später von privatem „Bandenwesen" der großen Konzerne gefüllt werden soll. Die medial aufgebauschten Mythen der Globalisierungsnotfall-Leere-Kassen-Propaganda nebst vorgeschobener Motive angeblich dringend zu steigernder Wettbewerbsfähigkeit in unserem notorischen Exportweltmeister-Deutschland entlarven sich diesem kritischen Blick als billige Begleitmusik für die jährlichen Kampagnen ökonomischer Interessengruppen.

Auch der Beitrag von **Martin Bennhold**, Rechtssoziologe der Universität Osnabrück, beginnt bei der Bildungspolitik des Medienkonzerns und seiner Stiftung und spannt den Bogen bis auf die Bühne internationaler Organisationen, über die EU hinaus zu OECD und GATS. Zunächst thematisiert er Hochschulreformpolitik als Politik der Unterwerfung. Die Strategie Bertelsmanns ziele auf eine weiträumige Kommerzialisierung von Bildung und Wissenschaft, nicht zuletzt, weil der Konzern sich hier neue Märkte erschließen könne. An den Hochschulen sei die Einführung von Studiengebühren, der Raubzug gegenüber den Studierenden, deshalb so wichtig, weil nur sie diesen Bereich für private Investitionen lukrativ machen könne. Das CHE sei eine typische Initiative gemäß der Public-Private-Partnership-Taktik: Privat finanzierte Institutionen sollen demnach durch Kooperation mit öffentlichen Gremien Renommee und Einfluss gewinnen. Dahinter stecke eine Strategie der Zerstörung von Kontrollmöglichkeiten der Öffentlichkeit und von erkämpften bürgerlichen und sozialen Rechten. Die Mediengewalt Bertelsmanns im Verein mit einer nahezu gleichgeschalteten Medienlandschaft mache es der deutschen Öffentlichkeit schon jetzt

18

unmöglich, Hintergründe und Folgen der „Reform"-Prozesse einzuschätzen. Das sei etwa in Frankreich ganz anders; dort werde die soziale Wirkung von Privatisierungsmaßnahmen genau beobachtet und in breiten Widerstandsaktionen einer praktischen Kritik unterzogen. Das Gütersloher CHE als Hauptmotor der Bildungsenteignung stelle eine Agentur des großen Kapitals zur Durchsetzung seiner Interessen im Bildungssystem dar, es besitze eine private Rechtsform und übe dennoch substanziell öffentliche Funktionen aus. Das CHE werde von der Bertelsmann Stiftung kontrolliert und die Bedeutung dieser Stiftung im Gesamtkomplex Bertelsmann sei kaum abzuschätzen. Sie hielte 57,6% der Anteile am Kapital des Konzerns, das Stimmrecht liege allerdings hauptsächlich bei Mitgliedern der Familie Mohn.

Martin Bennhold holt noch weiter aus und zeichnet Bertelsmanns Einfluss auf europäischer und globaler Ebene nach. Angesichts gemeinsamer innereuropäischer Interessen und gegen Konzern-Rivalen außerhalb Europas sei es kein Wunder, dass auf dieser höheren Ebene mächtige Konzernzusammenschlüsse aktiv würden. Es handle sich dabei erstens um – sich selbst so bezeichnende– Pressure Groups etwa wie die Dienstleistungs-orientierte „European Services Leaders Group". Über die Beteiligung am ERT (European Round Table of Industrialists) agiere der Bertelsmann-Konzern bis hinauf in die WTO-Verhandlungen. Hauptziel des ERT sei es, Europapolitik als europäische Industrie- und Wettbewerbspolitik zu formulieren. Dabei sei Ziel einer sogenannten Hochschulreform, Bildung und Wissenschaft als Teil der Industriepolitik zu propagieren. Der ERT betreibe eine tiefgehende Vermischung von hoheitlichen Strukturen mit privaten Einrichtungen mit allen daraus resultierenden demokratieabbauenden Folgen. Auf EU-Ebene werde dieser Prozess noch durch die Tatsache verschärft, dass die Europäische Kommission zwar Teil der organisierten Union ist, also hoheitlichen Charakter hat, dies jedoch ohne jede demokratische Legitimation. Umso leichter fiele daher der –nicht seltene– Wechsel von Mitgliedern der Kommission zum ERT und umgekehrt. Die Aktivitäten des ERT führten auch auf die globale Ebene: Er war engagiert beteiligt an der Gründung der WTO (World Trade Organization), jener Welthandels-organisation, die seit 1995 die Weltökonomie bestimmt.

Die WTO sei heute ein Instrument, um schrittweise und global eine Form der Liberalisierung durchzusetzen, die sich zu Gunsten großen Kapitals, großer Konzerne, nicht zuletzt auch reicher Länder auswirke. Zugleich gehe diese Liberalisierung zu Lasten armer Länder sowie generell auf Kosten sozialer, gesundheitspolitischer und ökologischer Standards. Die Verfügung über diese Standards solle den demokratisch legitimierten Länderregierungen entzogen werden. Insbesondere das hoch entwickelte Interesse der USA an Investitionen im europäischen Bildungswesen entfalte ein großes Gewicht in den Verhandlungen. Bei der Abwehr der Studiengebühren gehe es daher keineswegs nur um soziale Standards der Studierenden. Mindestens ebenso wichtig sei die Erkenntnis, dass es sich hier um einen Hebel handele, das ausgeklügelte Gebäude der „Reformen" zusammenbrechen lassen. Die Studiengebühren könnten sich dafür zum Dreh- und Angelpunkt entwickeln, zumal ihre Einführung bereits heute internationalen Verträgen widerspreche. Der *Internationale Pakt über wirtschaftliche, soziale und kulturelle Rechte* von 1966 sei längst global gültig, in der Bundesrepublik seit 1976. Art. 13 des Paktes besage: Die Vertragsstaaten erkennen das Recht eines jeden auf Bildung an... Die Vertragsstaaten erkennen an, dass im Hinblick auf die volle Verwirklichung dieses Rechts... der Hochschulunterricht auf jede geeignete Weise, insbesondere durch allmähliche Einführung der Unentgeltlichkeit, jedermann gleichermaßen entsprechend seinen Fähigkeiten zugänglich gemacht werden muss.

Der Autor des Online-Magazins Telepolis, **Jörn Hagenloch,** konnte zwar am Kongress 2005 nicht teilnehmen, sein Beitrag rundet jedoch den Blick auf die internationale Seite der Gütersloher Aktivitäten ab und wurde daher ergänzend angefügt. Mit dem von ihm erörterten „Bertelsmann Transformation Index" (BTI) konnte sich die Bertelsmann Stiftung als geopolitischer Akteur auf der internationalen Politikbühne positionieren. Sie propagiert dort die neoliberal geprägte „marktwirtschaftliche Demokratie" als globales Leitbild und sei dabei Teil einer ganzen Armada von Think Tanks, die von Washington über Brüssel bis London, Paris und Berlin operative Politikberatung betreiben. In diesem Szenario spielt der „Bertelsmann Transformation Index" (BTI) eine wichtige Rolle, der im Herbst 2005 zum zweiten Mal gemeinsam mit dem Centrum für angewandte Politikforschung (CAP) herausgegeben wurde. Das CAP dient der Bertelsmann Stiftung als strategischer Planungsstab für die internationale „Politikberatung". Es wurde 1995 mit maßgeblicher finanzieller Unterstützung der Bertelsmann Stiftung an der Münchner Universität eingerichtet und gilt mit über 80 Mitarbeitern als Deutschlands „größtes universitäres Forschungsinstitut zur Politikberatung", wobei ca. 20 Prozent der Einkünfte aus Gütersloh stammen. Jörn Hagenloch geht den Verflechtungen von CAP und Bertelsmann nach und beschreibt ihre Aktivitäten auf europäischer und globaler Ebene, etwa das Stricken eines „Elite-Netzwerkes".

Eines der großen ehrgeizigen Projekte der Bertelsmann Stiftung nennt sich, so **Jörn Hagenloch,** „Den Wandel gestalten" und sucht nach den besten strategischen Verfahren, mit denen weltweit das System der marktwirtschaftlichen Demokratie installiert werden kann. Die Einflussnahme von dritter Seite ist für ärmere Länder keine Neuigkeit. Aufgrund ihrer schwachen Stellung sind sie z. B. in finanziellen, wirtschaftlichen und entwicklungspolitischen Fragen auf „Partner" angewiesen. Ihnen werden „Strukturanpassungsmaßnahmen" diktiert, die einer Plünderung gleichkommen: Privatisierung staatlicher Betriebe, Verschlechterung des

Gesundheitswesens, Zerstörung der heimischen Industrieproduktion, etc.. Argentinien hat dies im Jahr 2001 sehr schmerzhaft erfahren, als ein Staatsbankrott das Land über Nacht in Elend und Chaos stürzte. Ursache der Tragödie waren die neoliberalen Rezepte des Internationalen Währungsfonds (IWF), doch davon liest man im BTI keine Silbe. Vielmehr wurde schon im Bertelsmann-Bericht 2003 wieder nach „reformbereiten Eliten" gerufen, obgleich die spektakuläre Reformbereitschaft der 80er und 90er Jahre, in der fast alle Staatsbetriebe und sozialen Sicherungssysteme privatisiert wurden, direkt in die Katastrophe geführt hatte. Zahlreiche amerikanische Initiativen wurden inzwischen auf die Bertelsmann Stiftung aufmerksam und boten eine Zusammenarbeit an, unter anderem das National Endowment for Democracy (NED). Das NED wurde 1983 gegründet und gibt sich nach außen als private Initiative zur Beförderung der Demokratie weltweit. Doch die selbsternannte Nichtregierungsorganisation wird zu 95 Prozent vom amerikanischen Staat finanziert und hat, so zitiert **Jörn Hagenloch** einen ihrer Vertreter, klare strategische Aufgaben: „Vieles von dem, was wir heute machen, wurde vor 25 Jahren von der CIA insgeheim erledigt."

Soweit ein Überblick über die Beiträge, die trotz Ergänzungen und Aktualisierungen leider nicht alle auf dem Kongress gewonnenen Erkenntnisse wiedergeben können. Viel Wichtiges kommuniziert sich bei solchen Gelegenheiten zum öffentlichen Diskurs eben auch am Rande und anekdotisch und bleibt dem Medium eines wissenschaftlichen Buches eher fern, was ja auch den Reiz der Teilnahme an Kongressen ausmacht. Eine besonders abgründige Anekdote zum Thema Freiheit der Wissenschaft soll hier jedoch abschließend angefügt werden. Der Einfluss aus Gütersloh zeigt sich manchmal subtil und nur bei genauer Recherche nachvollziehbar. So berichtete Oliver Schöller auf dem Hamburger Kongress im Juli 2005 von einer persönlichen Erfahrung. Vor zwei Jahren hatte er es geschafft, eine kritische Studie über die Bildungspolitik der Bertelsmann-Stiftung in einem Sammelband unterzubringen, immer ein Grund zum Feiern für einen jungen Wissenschaftler.

Doch in letzter Minute kam alles ganz anders. Werner Rügemers Buch „Die Berater"[24] erschien 2004 zwar beim als politisch links und unabhängig geltenden Transkript[25] Verlag, jedoch ohne Schöllers Beitrag. Der kleine Verlag hatte den Herausgeber dazu bewogen, Schöllers Studie aus dem Sammelband zu entfernen –schon an sich ein im Bereich wissenschaftlicher Publikationen ungewöhnlicher Vorgang. Kaum ein wissenschaftlicher Verlag erlaubt sich, den Herausgebern eines Buches inhaltliche Vorschriften machen

---

[24] http://www.wirtschaftsverbrechen.de/hp/Uber_uns/Publik_Relation/Bucher/bucher.html.

[25] http://www.transcript-verlag.de/main/pro.htm.

zu wollen. Doch wenn es um Bertelsmann geht, werden Medien- und Wissensarbeiter plötzlich sehr vorsichtig. Auch und gerade im linken und kritischen Spektrum, denn hier reicht der lange Arm der Bertelsmänner besonders weit und oft um einige Ecken herum: Für den Transkript Verlag besorgt Satz und Druck die Firma Digitron, Bielefeld, wohl zu sehr günstigen Bedingungen. Transkript fürchtete anscheinend so sehr eine Verschlechterung der Geschäftsbeziehungen zur Bertelsmann-Tochter Digitron, dass der Verlag von sich aus beim Herausgeber intervenierte.[26]

Und so erschien in einem kritischen Verlag ein kritisches Buch von kritischen Wissenschaftlern mit kritischen Darstellungen des heiklen Politikberatungswesens, jedoch ohne Kritik an Europas mächtigstem Politikberater: Bertelsmann. Im von Bertelsmann dominierten deutschen Medienbetrieb war Rügemers Sammelband ein respektabler Erfolg beschieden; die Gütersloher haben nichts gegen Kritik an Lobbyismus und politischer Drahtzieherei –es sei denn, die Drähte enden in Gütersloh. Diese Kritik an Gütersloher Drahtziehern, Sie ahnen es bereits, wird hier in diesem Band nachgereicht: Oliver Schöllers Beitrag zu diesem Buch ist eben jener, der in „Die Berater" nicht erscheinen durfte (hier in aktualisierter Form).

---

[26] Der Transkript Verlag hat leider, trotz mehrfacher telefonischer Versuche, mit den Verantwortlichen ins Gespräch zu kommen, die Gelegenheit nicht genutzt, zu diesen Vermutungen Schöllers und Rügemers selber Stellung zu nehmen.

1. Medienmacht und Demokratie

Eckart Spoo: Pressekonzentration und Demokratie[27]

Mir ist aufgetragen, hier das Thema „Pressekonzentration und Demokratie" zu behandeln. Nach meinem Verständnis kann damit nur gemeint sein: Wir wollen uns über die Schädlichkeit der Pressekonzentration für die Demokratie klar werden. Am klarsten tritt sie uns dort entgegen, wo die Konzentration ihr letztes Stadium erreicht hat: das Monopol. Dieser Extremfall ist in der Presse nicht außergewöhnlich. Im Gegenteil, in weiten Gebieten der Bundesrepublik Deutschland ist er zum Normalfall geworden – mit welchen Auswirkungen?

Nehmen wir einmal an, ich wäre Verleger einer typischen regionalen Monopolzeitung, etwa im Westerwald, und mein Sohn wäre mit illegalen Drogen von der Polizei ertappt worden. Die Staatsanwaltschaft hätte Anklage erhoben und ein Amtsrichter hätte das Verfahren gegen ihn eröffnet und das alles hier, bei mir im Westerwald. Würde ich es dann zulassen, dass einer meiner Redakteure diese rein private Angelegenheit öffentlich macht –in *meiner* Zeitung? Dürfte ich es dulden, dass mein Blatt missbraucht wird, um meinen eigenen Sohn, der einmal den Verlag für meine Familie leiten soll, in Misskredit zu bringen? Niemals könnte ich das verantworten. Schlimm genug ist es doch, dass mein Sohn in der Gefahr schwebt, verurteilt zu werden. Wäre es nicht besser, wenn sich einer meiner Redakteure einmal kritisch mit dem hiesigen Amtsgericht beschäftigen würde? Man könnte etwa die Frage stellen, was das für Juristen sind, die so rücksichtslos mit uns Bürgern umgehen. Wofür bin ich denn Verleger, wenn ich mein Blatt nicht mehr für meine Interessen nutzen könnte? Das Eigentum und sein freier Gebrauch stehen bei uns immer noch unter Grundrechtsschutz…

Beenden wir diesen fiktiven Monolog über einen nicht ganz fiktiven Fall und wenden wir uns stattdessen Alfred Neven DuMont zu, dem Verleger des „Kölner Stadtanzeigers".

Eigentumsrecht kontra Pressefreiheit: Der Fall DuMont

Als die IG-Metall begann, die 35-Stunden-Woche zu fordern, mahnte DuMont die Redaktion schriftlich zur Zurückhaltung: Später könne ja auch die eigene Branche von solchen Forderungen betroffen sein, argumentierte

---

[27] Vortrag auf dem Kongress „Bertelsmann –Ein globales Medienimperium macht (Hochschul-) Politik" vom 15.-17.7.2005 in Hamburg, vom Mitschnitt transkribiert durch T.Barth, vom Referenten überarbeitet und autorisiert 12.12.2005.

Neven DuMont und gab damit deutlich sein eigenes Interesse zu erkennen. Nicht nur in der Metallfabrik, auch im Presseunternehmen konnte, ja mußten die Meinungen von Arbeitgebern und Arbeitnehmern, Unternehmern und Beschäftigten auseinandergehen. Gerade deswegen erhob DuMont den Anspruch, über die Tendenz der Berichterstattung zu entscheiden.

Besagter Verleger gebietet inzwischen über das Pressemonopol in Köln und Umgebung, nachdem er zu der genannten Zeitung noch die „Kölnische Zeitung" erworben hat; außerdem gibt er das niederrheinische Boulevardblatt „Express" heraus. Nach der „Wende" konnte er sich überdies die „Mitteldeutsche Zeitung" in Halle aneignen. Tochtergesellschaften und Beteiligungen auch im Rundfunk aufzulisten, würde hier zu weit führen. Seit langem spielt der Verleger auch eine wichtige Rolle im Bundesverband der Deutschen Zeitungsverleger (BDZV), zeitweise war er dessen Präsident.

In den 1970er Jahren beteiligte sich DuMont in dieser Rolle an Debatten mit den Journalistenorganisationen über die „innere Pressefreiheit". Die Verleger, denen ein Vertrag darüber widerstrebte, ließen sich eine Zeit lang auf Verhandlungen ein und erklärten sich bereit, den Redakteuren eine sogenannte „Detailkompetenz" einzuräumen. Die Grundsatzkompetenz solle jedoch weiterhin bei ihnen, den Verlegern, liegen. Die Verhandlungen scheiterten, da die Verleger diese Grundsatzkompetenz immer weiter auszudehnen trachteten und zusätzlich eine Richtlinienkompetenz beanspruchten. Wenn z.B., so erläuterten sie, im Verbreitungsgebiet des Blattes eine Landratswahl anstehe, müsse der Verleger das Recht haben, darüber zu entscheiden, wie im Blatt über die einzelnen Kandidaten geschrieben werde. Hier könnten seine unmittelbaren Interessen berührt sein. Die Verleger wollten von ihrer publizistischen wirtschaftlichen und publizistischen Macht nichts abgeben; deswegen scheiterten die Verhandlungen, und dabei ist es bis heute geblieben. Die Verleger entscheiden über den Redaktionsetat, die Verleger entscheiden, wer eingestellt wird, die Verleger entscheiden, wer Karriere macht, die Verleger entscheiden über alles – entweder selbst oder über ihren Beauftragten, den Chefredakteur.

Die Demokratie in Deutschland ist den Eigentumsverhältnissen in den Medien unterworfen – aber wer merkt es? Der größte Pressekonzern ist hierzulande der Axel-Springer-Verlag („Bild", „Die Welt" etc.). Die bei Springer beschäftigten Journalisten sind alle auf das marktwirtschaftliche System verpflichtet, auf den Kapitalismus. Es ist ihre Aufgabe, den Millionen Lesern von Springer-Publikationen immer wieder die Botschaft einzuträufeln, der Kapitalismus sei gut für sie. Zum Springer-Konzern gehören auch die „Lübecker Nachrichten", die Monopolzeitung für Lübeck und Umgebung. Wie alle Springer-Blätter preist diese Zeitung täglich den freien Markt und das Konkurrenzprinzip. Es ist ein grotesker Widerspruch, dass ein Monopol-Blatt die freie Konkurrenz preist – aber wer erkennt diesen Widerspruch?

Monopolmacht im Pressewesen

In den meisten Regionen Deutschlands erscheint heute nur noch je eine Tageszeitung; in der Regel sind die Verbreitungsgebiete genau gegeneinander abgegrenzt. In Ostdeutschland erschienen bis 1990 neben den SED-Bezirkszeitungen noch Blätter der anderen Parteien, die aber, auch wenn sie sich in Einzelheiten unterschieden, alle den Sozialismus und die damaligen Machtverhältnisse priesen. Die SED-Bezirkszeitungen wurden dann sämtlich von westdeutschen Pressekonzernen übernommen; die anderen Blätter wurden eingestellt. Die in private Monopolzeitungen umgewandelten früheren SED-Blätter rühmen jetzt alle den Kapitalismus und die heutigen Machtverhältnisse.

Obwohl die regionale Monopolisierung der Presse auch in Westdeutschland weitgehend – bis auf wenige Regionen wie Berlin, München, Frankfurt a.m., Düsseldorf – abgeschlossen ist (teilweise mit dem Ergebnis, daß zwar noch zwei Zeitungen nebeneinander erscheinen, diese aber demselben Verlag gehören, so in Hannover, Nürnberg und Stuttgart), geht die Pressekonzentration weiter. Die großen Konzerne erbeuten nach du nach die regionalen Monopolblätter. Der Holtzbrinck-Konzern zum Beispiel hat sich den „Südkurier", Monopolzeitung der Bodenseeregion, die „Lausitzer Rundschau", Monopol in Cottbus und Umgebung, und die „Saarbrücker Zeitung", einziges Blatt im Saarland, einverleibt. Jedes Holtzbrinck-Blatt stimmt mit den Springer-Blättern im Lobpreis des Kapitalismus überein, der angeblich die Grundlage aller Freiheit ist. Die Blätter des Bertelsmann-Konzerns, des Essener WAZ-Konzerns und der anderen großen Konzerne singen unisono dasselbe Lied.

Wo einmal ein Monopol besteht, da kann Konkurrenz nicht wiedererstehen. Kleine Versuche hat es gelegentlich hier und da gegeben, die jedoch allesamt scheiterten. Selbst der reiche Heinrich Bauer Verlag hat es unter Einsatz bester Marketingexperten nicht geschafft, in der kleinen, übersichtlichen Region im Nordwesten Schleswig-Holsteins, dem Verbreitungsgebiet der „Husumer Nachrichten", ein Konkurrenzblatt zu etablieren. Schon nach vier Monaten musste er sein Blatt einstellen – aus einem ganz einfachen Grund: Die Inserenten, von denen eine Zeitung hauptsächlich lebt, haben kein Interesse an konkurrierenden Blättern, sondern sind zufrieden, wenn sie nur in einem einzigen Blatt inserieren müssen, um alle Zeitungsleser in der Region zu erreichen. Doch der Heinrich Bauer Verlag hatte insofern Glück, als ihn nach der „Wende" die Treuhand-Anstalt mit der „Volksstimme" bedachte, der früheren SED-Bezirkszeitung in Magdeburg und Umgebung, einer der auflagenstärksten deutschen Zeitungen. So konnte der mächtige Zeitschriftenkonzern endlich doch ins Zeitungsgeschäft hineinwachsen.

All diese Monopolzeitungen agitieren für das Privateigentum an der Presse, für die Privatwirtschaft überhaupt und für die Privatisierung alles dessen, was noch gemeinwirtschaftlich ist: Nahverkehr, Wasserversorgung, Kliniken, zuletzt wohl auch noch Schulen und Hochschulen. Sie agitieren gegen die Gewerkschaften und für den Abbau von Arbeitnehmerrechten und singen wie ein Kirchenchor das Lied vom Wirtschaftsaufschwung, der sich, wenn wir weiterhin Lohndumping und Sozialabbau erduldeten, sicher irgendwann einstellen und dann auch viele neue Arbeitsplätze mitbringen werde. Die Beschäftigten sollen angesichts der Massenarbeitslosigkeit nicht kürzer, sondern länger arbeiten – Irrsinn! Die Reichen sollen von Steuerpflichten entlastet, die Armen um so stärker belastet werden. Das alles ist so inhuman wie irrsinnig. Aber gerade deswegen ist der gewaltige publizistische, nein propagandistische Aufwand erforderlich: damit das Volk nicht auf andere, realistischere Gedanken kommt, sondern in der herrschenden „neoliberalen" Ideologie befangen bleibt.

Wer mächtig genug ist, kann sich Verklärungswissenschaft je nach Bedarf besorgen. Als in den 1970er Jahren mehr und mehr Stadt- und Landkreise zu Einzeitungskreisen wurden, fand der Bundesverband deutschen Zeitungsverleger, die doch alle immerzu die freie Konkurrenz preisen oder preisen lassen, plötzlich Gefallen an einer Studie (Stofer über Wilhelmshaven),[28] die ganz im Gegenteil bestrebt war, den Nachweis zu führen, nicht Konkurrenz, sondern Monopol sei für die Zeitungskonsumenten das Beste: Die Finanzkraft des Monopolisten zahle sich für sie in publizistischer Qualität aus.

Eine These, die der Wirklichkeit nicht standhält. Monopolblätter zeigen keine große Neigung zu eigenen Rechercheleistungen, denn recherchierender Journalismus ist personalintensiv und damit teuer. Die Verleger wollen aber – so ist das nun mal im Kapitalismus - aus den Produkten möglichst hohen Gewinn ziehen. Kostengünstiger als mit den Ergebnissen eigener Recherche läßt sich die Zeitung mit Verlautbarungen füllen, die heutzutage bequem per Email in die Redaktion geflogen kommen, also nicht mal mehr abgetippt werden müssen. Personalintensive Arbeit wird zunehmend auf der anderen Seite geleistet: bei den Pressestellen von Institutionen und Unternehmen, die viele Tausende von Journalisten beschäftigen. Sie bereiten ihre Verlautbarungen teilweise gezielt für einzelne Medien vor, ausgearbeitet bis zur Druck- oder Sendereife, so daß die „gesundgeschrumpften" Redaktionen kaum noch Arbeit damit haben. So produzierte Medieninhalte bieten selbstverständlich ein prächtiges „Umfeld" für die Anzeigen.

Die Medienwissenschaften, die eigentlich auf diese Zustände im Sinne einer Demokratisierung der Medienlandschaft hinweisen sollten, dienen leider weitgehend den Medienkonzernen und der werbetreibenden Wirtschaft, die

---

[28] Vgl. Stofer, Wolfgang, Auswirkungen der Alleinstellung auf die politischen Aussagen der Wilhelmshavener Zeitung, Dissertation.

möglichst genau wissen wollen, wie sie noch intensiver auf die Medienkonsumenten, ihr Bewußtsein und vor allem auf ihr Unterbewusstsein und Verhalten einwirken können. Solche Studien bleiben der Öffentlichkeit jedoch meist verborgen. Die heute von Hochschulen geforderte Einwerbung von Drittmitteln verstärkt diese Tendenz: Drittmittel sind von Medienkonzernen, Werbewirtschaft und deren Auftraggebern zu haben; Journalisten oder Medienkonsumenten verfügen nicht über einen Forschungsetat.

Nur sehr selten kommen Studien mit demokratischer Tendenz zustande wie die Göttinger Dissertation von Norbert Jonscher über „Inhalte und Defizite des lokalen Teils in der deutschen Tagespresse", an die ich mich gern erinnere. Da zeigte sich, daß alle vier untersuchten Monopolzeitungen im östlichen Niedersachsen die Aufgabe, umfassende und vielfältige Informationen und Meinungen zu vermitteln, durch die den Lesern eine eigene Meinungsbildung zu kommunalpolitischen Themen ermöglicht würde, „nicht oder nur mangelhaft erfüllen,,, indem sie unliebsame Themen (z.B. Umweltverschmutzung durch ortsansässige Unternehmen) bewußt vernachlässigen und auf Kritik und Kontrolle von Politikern und Behörden weitgehend verzichten. Über bestimmte gesellschaftliche Bereiche wie Kirche und Wirtschaft werde fast nie negativ berichtet. In den Lokalteilen, so Jonscher, tauchten immer die gleichen Handlungsträger auf (Parteien, Vereine, Bürgermeister), andere kämen äußerst selten zu Wort. Hintergrundinformation fehle gewöhnlich. Konsequenz: „Nicht nur die Partizipationsmöglichkeiten der Bürger werden erschwert, auch ihr allgemeines Demokratiebewußtsein wird durch diese Nichtbeteiligung an unmittelbar interessierenden, überschaubaren kommunalpolitischen Entscheidungsprozessen geschwächt."

Nun mag man einwenden, es gebe doch den „Spiegel", der immer mal wieder einen Skandal aufdecke. Dies geschieht jedoch in der Regel nur, wenn dem Blatt die skandalösen Fakten von interessierter Seite auf dem Silbertablett präsentiert werden. Die „Spiegel"-Berichterstattung etwa über Bürgerinitiativen zeichnet sich meist durch Geringschätzung und Häme aus. Der typische Umgang mit demokratischen Initiativen von unten ist hier wie insgesamt in der Presse die Einschüchterung.

Ein in den Medien durchgehend vernachlässigtes Thema ist die Arbeitswelt. Von Produktions-, Eigentums- und Herrschaftsverhältnissen, die eigentlich besonders kritischer Aufmerksamkeit bedürfen, lenken die Medien eher ab. So etwas wie öffentliche Kontrolle findet da nicht statt.

Die inhaltlichen Mängel im Lokalteil sind noch harmlos im Vergleich zu jenen in der außenpolitischen Berichterstattung. Auffällig ist seit Beginn der 1990er Jahre die Mitwirkung der deutschen Konzernblätter, also fast der gesamten Presse, an der „Enttabuisierung des Militärischen", deren sich Bundeskanzler Schröder an der Spitze der rot-grünen Regierung rühmte.

Immer schamloser wurden militärische „Lösungen" propagiert, zu welchen es „keine Alternative" gebe. Die Notwendigkeit kriegerischer Gewalt wurde dadurch suggeriert, dass die Gegenseite nicht zu Wort kam –so wurde der Eindruck erweckt, als könne man mit ihr nicht reden.

Beispielsweise wurde in der Zeit der Vorbereitung auf den Angriffskrieg der NATO gegen Jugoslawien (verharmlosend gewöhnlich Kosovo-Krieg genannt) und während dieses Krieges fast täglich über Jugoslawiens Staatschef Slobodan Milosevic berichtet, aber niemals erhielt der jugoslawische Präsident selbst das Wort. Nicht einmal in der Berichterstattung über den gegen ihn in Den Haag geführten Prozess durfte er sich gegen die Anklagen verteidigen. Diese Art der Manipulation zieht sich durch alle Konflikte der neueren Zeit, in denen der Westen zu aggressiven Mitteln griff. Immer wurde die Gegenseite mundtot gemacht und zum Bösen stilisiert und so die militärische Aggression des Westens propagandistisch vorbereitet. Der US-amerikanische Linguist und Medienwissenschaftler Noam Chomsky hat in langjährigen Studien diese und viele weitere Manipulationsmethoden untersucht und in seinem „Propaganda-Modell" der Medienberichterstattung dargelegt.[29]

Die Offenheit der Medien für Propaganda ist in Kriegszeiten, vor allem in den Anfangszeiten der Kriege, immer wieder so groß, daß es namentlich den US-amerikanischen Regierungs- und Militärgewaltigen sehr leicht fällt, die Weltöffentlichkeit zu manipulieren. So konnte zum Beispiel 1990 im ersten Krieg gegen den Irak die US-Generalität rund tausend Journalisten aus aller Welt in einem luxuriösen Hotel im saudiarabischen Riad (also weit entfernt vom Kriegsgebiet) versammeln und täglich um 15 Uhr mit neuester Propaganda füttern, die pflichtschuldigst an die Massenmedien weitergegeben wurde. Im Jugoslawien-Krieg verbreiteten die deutschen Medien ebenso unkritisch die jeweils im 15.00-Uhr-Briefing in Brüssel von der Angreiferseite lancierten Informationen. Im zweiten Krieg gegen den Irak wurden Journalisten in die Angriffstruppen direkt „eingebettet" – ein besonders zynisches Wort im Zusammenhang mit Kriegsberichterstattung, aber viele Journalisten waren auch noch stolz darauf.

Politik als Infotainment

Die Medien verfügen in Deutschland über große Freiheit. Sie dürfen über alle möglichen Absonderlichkeiten berichten, auch über frei erfundene. Die Berliner –Springer-Zeitung „BZ" berichtete ausführlich über den armen „Euro-Fritz", den Berührungen mit Euro-Banknoten sexuell impotent gemacht hätten. Die „BZ" führte dem Manne schließlich sogar Frauen zu, die ihn sexuell stimulieren sollten.

---

[29] Vgl. Chomsky, N., Media Control. Wie die Medien uns manipulieren, Hamburg/Wien 2002.

Aus der Macht der Medien, einzelne Menschen bekannt zu machen, hat sich ein glänzendes Geschäft entwickelt: das Show-Geschäft. Ohne die Medien kann niemand bekannt werden. Jeder Quatsch, jede Obszönität, alles kann dazu beitragen, den Bekanntheitsgrad und damit den Marktwert einer Person zu steigern. Ein „Star„ ist man, wenn man für Gummibärchen oder Telekom-Aktien Reklame machen darf. Wer einmal reich und berühmt geworden ist, der füllt auch mit seinem Liebesleben die Klatschkolumnen, und selbst die „Tagesschau" opfert ihre knappe Sendezeit und richtet die kostbare Aufmerksamkeit ihres Millionenpublikums auf einen Schlagersänger, der ohne Führerschein in den Graben gefahren ist. Die Berichterstattung über Pressebälle, auf denen die kleinen Stars um die großen kreisen, indiziert den Marktwert jedes einzelnen. Es versteht sich von selbst, dass nur derjenige Marktwert erhält, der sich als Werbeträger für das marktwirtschaftliche System eignet. Daß er, der eigentlich ein Nobody ist, diesen Marktwert schließlich bekommt, gilt als Nachweis für die Fairness dieses Systems.

Und so werden auch Politiker gemacht. Beispiel Ronald Reagan: ein mittelmäßiger Westernschauspieler, der dann erfolgreich im Fernsehen für Seifenartikel geworben hatte (zur Zeit der antikommunistischen Hexenjagd unter McCarthy hatte er Kollegen als Kommunisten denunziert). Eine Runde kalifornischer Multimillionäre, die überlegte, wer Kandidat der Republikaner für das Amt des Gouverneurs werden sollte, befand: Wer Borax-Produkte an den Mann und vor allem an die Frau bringe, der könne, wenngleich eigentlich Mitglied der Demokratischen Partei, auch die Politik der Republikanischen Partei verkörpern, und so durfte Reagan Gouverneur von Kalifornien werden, ähnlich wie jetzt Arnold Schwarzenegger. Medienheld Reagan durfte später sogar Präsident der USA werden. In Großbritannien wurde die Wiederwahl von Tony Blair vor allem deswegen möglich, weil der Konzern des äußerst konservativen Verlegers Murdoch ihn unterstützte. In Italien gelang es dem Großindustriellen Berlusconi mit einem eigenen Medienkonzern, Bedenken gegen seine politischen Ambitionen zurückzudrängen. Angela Merkel verdankt einen wesentlichen Teil ihres knappen Wahlerfolgs der Parteinahme der Chefinnen der beiden größten deutschen Medienkonzerne, Liz Mohn (Bertelsmann) und Friede Springer. Umgekehrt blieb die 2005 bei der Landtagswahl in Nordrhein-Westfalen angetretene Wahlalternative Arbeit und Soziale Gerechtigkeit (WASG) chancenlos, weil der mächtige WAZ-Konzern (Monopolist im Ruhrgebiet) sie boykottierte. Der relative Erfolg der Linkspartei bei der Bundestagswahl ist um so höher zu bewerten, als er gegen einen Boykott des Springer-Konzern erkämpft werden mußte.

Ein deutliches Beispiel ist Gerhard Schröder. 1996 befand ihn der CDU-Wirtschaftsrat, der ihm einen Auftritt vor Hunderten von Unternehmern in Hamburg verschafft hatte, als tauglich für die Nachfolge des Bundeskanzlers Helmut Kohl. Daraufhin taten alle deutschen Medien von Springer über Burda und Bauer bis zu Bertelsmann ihr Möglichstes, um die SPD dazu zu bewegen, Schröder als Kanzlerkandidaten zu nominieren. Ja, auch die Yellowpress-Erzeugnisse des Heinrich-Bauer-Verlages einschließlich des Softporno-Magazins „Praline" machten Stimmung für Schröder. Die entscheidende Hürde für ihn war die niedersächsische Landtagswahl im Frühjahr 1998, bei der seine Wiederwahl ins Amt des Ministerpräsidenten keineswegs sicher war. Alle Medien unterstützten Schröder in diesem Landtagswahlkampf, wie sie nie zuvor einen SPD-Kandidaten unterstützt hatten, und suggerierten erfolgreich, dass sich bei dieser Wahl entscheide, welcher SPD-Kandidat bei der Bundestagswahl gegen Helmut Kohl antreten werde; im Falle eines Wahlerfolgs in Niedersachsen sei Schröder d e r Kanzlerkandidat der Sozialdemokraten. Unter dem Druck der Öffentlichkeit knickte die SPD ein, die sich vorher in einer Urabstimmung deutlich gegen ihn entschieden hatte. Sobald Schröder dann im Herbst 1998 zum Kanzler gewählt war, übten die Medienkonzerne Druck auf die SPD aus: Sie müsse sich nun Schröders Politik zu eigen machen, auch und gerade wo diese Politik dem Programm der Partei und ihren Beschlüssen, mit denen sie sich zur Wahl gestellt hatte, widersprach.

Gleichzeitig übten die Medien auch Druck auf Schröder, damit er sich immer der Abhängigkeit bewußt blieb, in die er sich begeben hatte. Vor allem die Springer-Blätter ließen ihn spüren, dass grundsätzlich doch die CDU zum Regieren ausersehen sind und dass es Mittel und Wege gibt, den ausnahmsweise tätigen SPD-Kanzler abzulösen.

In Hamburg schrieben damals „Bild" und das „Hamburger Abendblatt", ebenfalls aus dem Springer-Konzern, einen ebenso dummen wie reaktionären Amtsrichter zum politischen Hoffnungsträger hoch – mancher erinnert sich vielleicht noch an Ronald Schill – und verschafften ihm fast ein Fünftel der Stimmen, einem Mann, der ohne die Medien nichts gewesen wäre und von dem nichts zu berichten war als einige dumme Sprüche, die er bei manchen Gelegenheiten von sich gegeben hatte. Dieser Mann wurde fast täglich in den Hamburger Medien erwähnt und aufgebaut, bis er bei der dortigen Bürgerschaftswahl aus dem Stand das sensationelle Ergebnis von 20 Prozent gelangte erreichte. Mit diesem Koalitionspartner und der FDP konnte die Hamburger CDU die SPD-Regierung ablösen, was ihr aus eigener Kraft nicht möglich gewesen wäre.

Es gibt Beispiele dafür, daß sich Mehrheiten auch gegen die geballte publizistische Macht der Medienkonzerne bilden können; so geschah es bei den Abstimmungen über den EU-Verfassungsentwurf in Frankreich und den Niederlanden (nachdem unter Familienmitgliedern, Vereinsmitgliedern, Arbeitskollegen, Nachbarn monatelang darüber diskutiert worden war). Dennoch ist meine Hauptthese: Hochkonzentrierte, weitgehend monopolisierte Medien erdrücken die Demokratie.

Demokratie braucht Öffentlichkeit. Das Volk kann seine Interessen nicht zur Geltung bringen, wenn es nicht informiert ist. Das republikanische Prinzip –

das Öffentlichkeitsprinzip – steht hinter allen demokratischen Entscheidungen. Wo über unsere Angelegenheiten hinter verschlossenen Türen entschieden wird, können wir, das Volk, nicht herrschen, findet also Demokratie nicht statt. In diesem Zusammenhang hat das Bundesverfassungsgericht einmal geurteilt, eine freie Presse sei „schlechthin konstituierend" für eine Demokratie. Daran kann kein Zweifel bestehen. Um informiert zu sein, brauchen wir Medien, und die müssen frei sein, über alles zu berichten, was unser Wohl und Wehe betrifft. Indem sie uns über Ansichten und Absichten real existierender Mächte in Kenntnis setzen, geben sie uns die Möglichkeit, darauf zu reagieren, und es gehört zu ihren Aufgaben, uns ebenfalls Gehör zu verschaffen. Die Medien haben also für einen Informationsaustausch – nicht nur von oben nach unten, sondern auch von unten nach oben – zu sorgen und so eine lebendige Debatte zu garantieren. Auch und gerade dafür müssen sie frei sein.

Das ist die Theorie. Wie es in der Praxis um die Pressefreiheit bestellt ist, habe ich an einigen Beispielen klarzumachen versucht. Wenn wir dagegen die Herren der Medienkonzerne und die tonangebenden Politiker hören, erfahren wir, daß wir mit den bestehenden Verhältnissen zufrieden zu sein haben. Die Verleger haben wahrhaftig keinen Grund, über einen Mangel an Freiheit zu klagen, es sei denn es geht etwa um die Einschränkung der Tabakwerbung. Der Gründer und langjährige Leiter des größten deutschen Pressekonzerns, Axel Springer, stellte sich und seine Verlagsprodukte einmal als demokratisch legitimiert dar – durch die tägliche Abstimmung am Kiosk. So erreiche die „Bild"-Zeitung ihre Millionenauflage und sei so zur deutschen Volkszeitung schlechthin geworden. Dass der größte Teil der Einnahmen nicht aus dem Vertrieb, sondern aus dem Werbegeschäft stammt, dass die Inserenten der „Bild"-Zeitung meist finanzstarke Konzerne sind, weil andere schwerlich in der Lage sind, die hohen Anzeigenpreise zu zahlen, dass auch der Inhalt des Blattes den Interessen der Hauptfinanziers entspricht, das alles ließ Springer unerwähnt. Es gehört zu erfolgreicher Demagogie, dass sie sich demokratisch gibt. Aber Volksverführung und Volksherrschaft sind unvereinbar.

Als Journalisten – ich erwähnte es einleitend – die „innere Pressefreiheit" forderten (Redaktionsstatute, Kompetenzabgrenzung zwischen Redaktion und Verlag), als sie also das Grundrecht auf Pressefreiheit gegen die Verleger geltend machten, antwortete der Verlegerverband: „Pressefreiheit bedeutet nur, dass jeder, der will und kann, eine Zeitung oder Zeitschrift herausgeben darf." Das Wort „kann" wies diskret darauf hin, dass man finanziell dazu in der Lage sein muß. Man muß über viel Geld verfügen, jedenfalls wenn man mit seinem Blatt an allen Kiosken präsent sein will. Eben dadurch aber verkehrt sich die Idee der Pressefreiheit in ihr Gegenteil, denn ursprünglich war sie eine gegen bestehende Besitz- und Machtverhältnisse gerichtete Forderung. Mit einem kurzen Streifzug durch die Geschichte möchte ich abschließend diese Pervertierung nachzeichnen.

Die Presse entstand als ein Instrument der sozialen und politischen Umwälzungen Ende des 15., Anfang des 16. Jahrhunderts. Diejenigen, die sich für die Befreiung des Volkes engagierten und das Volk befähigen wollten, die Feudalherrschaft abzuwerfen, mußten über diese Herrschaft aufklären: über ihre Mechanismen und Methoden, über die Schäden, das Elend, das sie über das Volk brachte, über die Notwendigkeit des Umsturzes. Dazu brauchten sie Flugblätter, dafür brachten sie Gutenbergs Druckpresse.

Eine zweite, noch stärkere Blüte erlebte die Presse zur Zeit der Französischen Revolution. Pressefreiheit war eine der wichtigsten Forderungen der Aufklärer und Revolutionäre, und gleich im August 1789 wurde sie in der Erklärung der Menschenrechte und in der Verfassung der Republik als Fundament einer freien Gesellschaft garantiert. Doch schon wenige Jahrzehnte später sah Karl Marx, ein guter Journalist und kluger Beobachter gesellschaftlicher Prozesse, Anlass zu der Bemerkung: „Die erste Freiheit der Presse besteht darin, kein Gewerbe zu sein." Inzwischen war die Presse durch und durch kommerzialisiert, und schon damals zeigte sich, dass der Verleger, der sich den reichsten Unternehmern im Lande dienstbar macht, andere Verleger niederkonkurrieren kann. Der Erfolg ist ihm dabei um so sicherer, wenn sich seine Zeitung nicht als Sprachrohr der Mächtigen zu erkennen gibt, sondern sich als unabhängiger Anwalt seiner Leser ausgibt: Getarnte Propaganda statt Aufklärung ist die tägliche Pervertierung der Presse.

Die Bewusstseinsindustrie

Die schnell wachsende Bewusstseinsindustrie erlangte eine Schlüsselstellung. Als Machtinstrument übertreffen die Kommerzmedien schließlich an Wirkung alle herkömmlichen Machtinstrumente wie Polizei, Militär, Geheimdienste. Ohne sie wären Machtansprüche einzelner gesellschaftlicher Gruppen nicht mehr vor den demokratischen Bestrebungen des Volkes zu sichern. Mit ihnen gelingt es, das Volk von seinem Anspruch abzubringen, sich selbst zu regieren. Besonders bedenkenswert sind die Erfahrungen aus der Nazi-Zeit. Wirksame Vorarbeit hatte in der Weimarer Zeit vor allem der Hugenberg-Konzern geleistet. Unter dem Nazi-Regime entstand dann ein einheitlicher Propaganda-Apparat unter Einbeziehung des neuen Mediums Radio. Zu Beginn des Nazi-Regimes gab es etwa zwei Millionen Radioempfänger in Deutschland, bei Kriegsbeginn waren es schon fast zehnmal so viele. Die Menschen hörten ganz unmittelbar Hitler, Goebbels und andere Nazi-Redner und empfanden dabei eine bislang ungekannte Vertrautheit und Nähe. Dieser Effekt wird inzwischen durch das Fernsehen noch verstärkt.

Nach der Zerschlagung des Nazi-Regimes war klar: Die elektronischen Medien dürfen keinesfalls dem Staat gehören, auch keiner einzelnen Machtgruppe, keinem privaten Verleger. Sie müssen der ganzen Gesellschaft offen stehen, öffentlich-rechtlich organisiert. In den Aufsichtsgremien müssen viele verschiedene gesellschaftliche Gruppen repräsentiert sein und gemeinsam die größtmögliche Unabhängigkeit der Journalisten garantieren. Für die Presse gab es unterschiedliche Konzepte: Entweder gab man in einer Region verschiedenen politischen Gruppen jeweils eine Lizenz für eine eigene Zeitung, oder man erteilte Repräsentanten verschiedener Parteien jeweils eine gemeinsame Lizenz. So sorgte man entweder für einen äußeren oder für einen inneren Pluralismus. Für die „Frankfurter Rundschau" beispielsweise, zunächst die einzige Zeitung am Orte, erhielten sieben Antifaschisten von der amerikanischen Besatzungsmacht Lizenz: drei Kommunisten, drei Sozialdemokraten und ein Christdemokrat, und zwar Journalisten, keine Druckereibesitzer, keine Privatunternehmer.

Nach Gründung der Bundesrepublik aber durften in Westdeutschland Altverleger, die bis zuletzt Goebbels' Durchhalteparolen verbreitet hatten, ihr Geschäft wieder aufnehmen. Die Gesetze der kapitalistischen Konkurrenz führten dazu, dass einige Verlage immer größer wurden, während andere verschwanden; allmählich bildeten sich die eingangs erwähnten regionalen Monopole heraus. Der äußere Pluralismus ging nach und nach verloren, der innere Pluralismus verschwand noch schneller. Fast alle politisch linksstehenden Lizenzträger waren im Zeichen des Kalten Krieges schon bald verdrängt worden.

1968 erschien das Buch „Imperium Springer", in dem neben anderen Autoren auch ich zeigte, welche gefährliche Macht in diesem Konzern wiedererstanden war. Nach der Hetze der Springer-Presse gegen Demonstranten mit Parolen wie „Ausmerzen!" wurde die Forderung „Enteignet Springer!" zu einem zentralen Projekt der damaligen Außerparlamentarischen Opposition (APO) – eine, wie ich finde, völlig plausible, ganz dem demokratischen und antifaschistischen Geiste des Grundgesetzes entsprechende Forderung. Der Springer-Konzern, der damals schon viele andere Zeitungen geschluckt hatte, befand sich von heute aus gesehen erst in einem frühen Stadium seiner Expansion. Inzwischen ist ihm und einigen wenigen anderen Konzernen nicht nur der weitaus größte Teil der Presse in Westdeutschland zum Opfer gefallen, sondern die Großkonzerne erhielten, nachdem sie systematisch Politik und Öffentlichkeit unter Druck gesetzt hatten, in den 1980er Jahren auch Zugang zu Hörfunk und Fernsehen. 1990 ergriffen sie im Nu Besitz von der ostdeutschen Presselandschaft, und die Treuhandanstalt verhalf ihnen dazu.

Es blieb freilich nicht bei der DDR. Die europäische Politik eröffnete Möglichkeiten der publizistischen Expansion nach Osten. Dem NATO-Beitritt Polens, Tschechiens und Ungarns ging dort in den 1990er Jahren die Inbesitznahme dessen voraus, was man öffentliche Meinung nennt. Der WAZ-Konzern, die Medienkrake des Ruhrgebiets, vergrößerte ihren Machtbereich bis ans Schwarze Meer. Es fügt sich ins Bild, dass der große Balkanisierer Bodo Hombach in die Führung dieses Konzerns eintrat.

Hombach, als Kanzleramtsminister der rot-grünen Bundesregierung wegen peinlicher Affären unmöglich geworden, wurde dann auf Schröders Wunsch EU-Beauftragter für den Balkan und kümmert sich jetzt als WAZ-Geschäftsführer um diese Region. In Mazedonien verfügt die WAZ-Gruppe derzeit über einen Anteil von mehr als 90 Prozent am Pressemarkt. Ein Verfahren der mazedonischen Monopolkommission gegen die WAZ-Vorherrschaft fand in Hombachs Blättern keine Erwähnung. Nachdem Serbien militärisch niedergekämpft war, übernahm die WAZ-Gruppe dort die „Politika", und der mit dieser Gruppe verbundene Bertelsmann-Konzern nahm das Boulevardblatt „Blitz" in seine Hand. Hombachs Unternehmen dominiert auch in Kroatien und Bulgarien. In Österreich erreicht er mit der „Kronen Zeitung", die ihm zur Hälfte gehört, 45 Prozent der Leser. In Rumänien regte sich jüngst Widerstand gegen Hombachs Missbrauch seiner politischen Macht als EU-Beauftragter im Sinne des WAZ-Konzerns. Hombachs Blätter waren in Rumänien dadurch unangenehm aufgefallen, daß sie, so der Vorwurf, ihre Meinungsmacht für die Expansionsinteressen deutscher Konzerne auch anderer Wirtschaftszweige einsetzten, was sogar zu einer Meuterei von Journalisten gegen ihren Verleger Hombach führte. Andere deutsche Medienkonzerne expandieren ebenfalls nach Osten, etwa Springer nach Polen und bis nach China, wo die Bertelsmann-Stiftung schon den Boden einer medialen Kolonisierung bereitet.

In vielen Ländern, in denen deutsche, von dort aus gesehen also ausländische Medienkonzerne die Presselandschaft dominieren, stellt sich insofern die Frage der nationalen Souveränität. Aber die Nationalität eines Konzerns ist nicht das entscheidende Kriterium. Auch wir in der Bundesrepublik Deutschland dürfen uns nicht vor der Frage drücken, wie Pressefreiheit und Demokratie unter den Bedingungen monopolisierter Medienmacht noch gedeihen können. Ich meine, der derzeitige Zustand der Medien entspricht nicht mehr den in unserer Verfassung geforderten Freiheitsrechten. Demokratie ist mit monopolistisch ausgeübter Medienmacht nicht! vereinbar.

Hersch Fischler: Die Bertelsmann-Stiftung als Macher der Regierungsreformen

"Macher der Regierungsreformen" klingt zunächst übertrieben, aber im folgenden werde ich zeigen, dass die von Reinhard Mohn, dem maßgeblichen Inhaber des größten europäischen Medienkonzerns geschaffene Bertelsmann-Stiftung tatsächlich die Reformen der Rot-Grünen Regierung maßgeblich angetrieben und geprägt hat. Es wird deutlich werden, warum gerade diese Unternehmensstiftung einen nahezu übermächtigen Einfluss auf Rot-Grün entwickeln konnte. Einen Einfluss, welcher die Reformen unausgewogen werden ließ, so dass die rot-grüne Regierung letztlich an ihnen scheiterte.

Auf gute Zusammenarbeit: Stiftung und Bundeskanzleramt

Die Reformpolitik der rot-grünen Regierung wird besonders von Organisationen und Gruppierungen unterstützt, die sich ganz offensichtlich nicht dem traditionellen rot-grünen Umfeld zuordnen lassen. Das ist Kritikern der Reformpolitik und der Agenda 2010 längst aufgefallen. Sie verweisen vor allem auf die Initiative Neue Soziale Marktwirtschaft, die vom Arbeitgeberverband Gesamtmetall mit 8 Millionen Euro im Jahr finanziert wird. Sie verweisen auch auf den Bürgerkonvent, den Konvent für Deutschland und andere Gruppierungen, die von Kreisen der Unternehmer, Unternehmensberater und "bürgerlichen" Elitezirkeln getragen werden. Und dennoch haben gerade die linken Kritiker der Reformagenda 2010 ebenso wie gesamte publizistische Öffentlichkeit bislang den Akteur übersehen, der am intensivsten und erfolgreichsten Einfluss genommen hat, um die Reformpolitik in Gang zu setzen und zu prägen: die Bertelsmann Stiftung aus Gütersloh

Anders als die Initiative Neue Soziale Marktwirtschaft oder die verschiedenen Bürgerkonvente und Reforminitiativen wendet sich die Bertelsmann-Stiftung nicht an das breite Publikum. Sie versucht nicht, bei Wählern Stimmung für die Reformen zu machen. Sie entwickelt Reformkonzepte und Reformmodelle und "verkauft" sie an Entscheidungsträger und Multiplikatoren in Politik und Verwaltung. Bundeskanzler Schröder hat dies im Vorwort zu der von der Bertelsmann-Stiftung herausgegebenen Festschrift "Reformbilanz –25 Jahre Bertelsmann-Stiftung" als Stärke der Stiftung herausgestellt:

"Ihr kommt es nicht auf die eigene Profilierung an, sondern sie stellt die inhaltliche Arbeit in den Vordergrund.. ..Ich persönlich erinnere mich gern an die intensiven und ertragreichen Gespräche beim Berliner Forum, dem Internationalen Bertelsmann Forum oder den Kanzlerdialogen. Ein gutes Beispiel für die gewachsene Zusammenarbeit zwischen der Stiftung und dem Bundeskanzleramt ist auch die Unterstützung der Arbeitsgruppe

Still und effektiv wurden im provinziell verschlafenen Gütersloh in den letzten zehn Jahren aus Dividenden des Bertelsmann-Medienkonzerns, dessen Aktienmehrheit die Stiftung besitzt, mehr als 400 Millionen Euro steuerbegünstigt vor allem dazu verwendet, Reformen für die Flexibilisierung des Arbeitsmarktes, die Neuordnung des Bildungssystems und der Systeme der sozialen Sicherung zu konzipieren und mitzugestalten. So wie die Bertelsmann AG Deutschlands bei weitem größter Medienkonzern ist, wurde die Bertelsmann Stiftung Deutschlands bei weitem größter privater gesellschafts- und wirtschaftspolitischer Think-Tank. Sie beschäftigt etwa 300 hochqualifizierte Mitarbeiter, überwiegend Wirtschafts-, Sozial- und Politikwissenschaftler, und verfügt inzwischen über ein Jahresbudget von 64 Millionen Euro, dem achtfachen desjenigen der Initiative Neue Soziale Marktwirtschaft.

Reformberatung auf Wunsch der Bundesregierung

Die "Reformbilanz" der Stiftung ist beängstigend. Praktisch alle Reformen der Agenda 2010 wurden von ihren Experten vorkonzipiert. Projektgruppen und Arbeitskreise der Stiftung wirkten an der konkreten Ausgestaltung der Reformen mit, z.T. auf ausdrücklichen Wunsch der Bundesregierung. So moderierte die Stiftung den fachlichen Diskussionsprozess zur Reform der Arbeitslosen- und Sozialhilfe und Zusammenführung der Hilfssysteme (Hartz IV), nachdem sie seit dem Jahr 2000 mit verschieden Studien auf die Notwendigkeit der Zusammenlegung hingewiesen hatte. Im März 2003 legte sie das Grundkonzept für die Job-Center vor (Hartz III), nachdem sie seit Mitte der neunziger Jahre die Bundesanstalt für Arbeit bei deren Modernisierung beriet. Zusammen mit der Unternehmensberatung McKinsey und der Bundesanstalt für Arbeit entwickelte sie das Konzept der Personal-Service-Agenturen (PSA) und beriet bei deren Einführung (Hartz I). Die Reformen im Gesundheitsbereich zur Kostendämpfung und Steigerung der Eigenverantwortung folgten den Linien, die ihr Projekt "Eigenverantwortung im Gesundheitswesen" mit international vergleichenden Studien und Symposien vorzeichnete. Die Bildungsreformen der Agenda 2010 im Hochschulbereich bauen auf die Analysen, Empfehlungen und Modellrechnungen des Centrum für Hochschulentwicklung, das seit 1994 von der Bertelsmann-Stiftung maßgeblich finanziert wird und praktisch eine ausgegliederte Abteilung der Stiftung ist. Immer ging und geht es bei den von der Stiftung entwickelten Reformen um die Förderung von Eigeninitiative und Wettbewerb, um Senkung von Lohn- und Lohnnebenkosten, weit gehenden Abbau staatlicher Leistungen, Steigerungen der Effizienz der öffentlichen Verwaltung und, wo nur möglich, um deren Privatisierung. Die Reformen der Agenda 2010 betrachtet die Stiftung, die sich als

"Reformmotor" und Deutschlands führende Reformwerkstatt bezeichnet, nur als erste Schritte in diese Richtung. Sie strebt unter anderem die völlige Abschaffung der Arbeitslosenversicherung an und die weit gehende Abkoppelung der sozialen Sicherung von den Lohnnebenkosten.

Die Stiftung sichert die Kontinuität des Konzerns...

Die Bertelsmann-Stiftung ist ganz und gar eine Schöpfung ihres Stifters, des maßgeblichen Inhabers der Bertelsmann AG, Reinhard Mohn (geb. 1921). Reinhard Mohn ist ein in der westfälischen Provinz verwurzelter, fast öffentlichkeitsscheuer Unternehmer, der für ausgefeilte Kalkulationen und scharfes Controlling bekannt ist und keinen Wert auf Popularität legt. Unter seiner Leitung entwickelte sich Bertelsmann seit den fünfziger Jahren von einem als provinziell belächelten mittelständischen Buchverlag zu einem international führenden Medienkonzern mit 600 Firmen und über 75.000 Beschäftigten weltweit, der in den Märkten für Bücher, Zeitschriften Musik und TV hinsichtlich Umsatz und Marktanteil alle anderen deutschen und europäischen Medienunternehmen weit hinter sich ließ. Diese Erfolgsgeschichte führt Reinhard Mohn auf seine Führungstechniken und Führungsfähigkeiten zurück. Mit zunehmendem Alter wurde es sein erklärtes Ziel, sein Führungswissen für die Lösung gesellschaftspolitischer Probleme zur Verfügung zu stellen. Die Bertelsmann Stiftung gründete er bereits im Jahre 1977 als gemeinnützige Stiftung, um dauerhaft zu verhindern, dass Erbschaftssteuern und Erbstreitigkeiten zum Verkauf von Teilen des Konzerns führen.

In den ersten Jahren unternahm die Bertelsmann Stiftung hauptsächlich Projekte in den Bereichen öffentliche Bibliotheken, Medienwissenschaft, klassische Musik, Aktivitäten die durchaus komplementär zu ihren Medienunternehmen waren und deren Expansion und Public Relations sehr nutzen konnten. Anfang der neunziger Jahre zog sich Reinhard Mohn aus dem Aufsichtsrat der AG zurück und übernahm die Leitung der Stiftung. 1993 schenkte er ihr 68,8% der Bertelsmann-Aktien, die er in den sechziger Jahren bereits erbschaftssteuersparend nominell auf seinen Sohn Johannes übertragen hatte. Die Dividenden der Aktien flossen von diesem Zeitpunkt steuerbefreit an die Stiftung und finanzierten deren Reformwerkstatt.

...und bringt Reinhard Mohns Führungslehre in die Politik ein

Wie viele andere Unternehmer war und ist Reinhard Mohn davon überzeugt dass die Politiker und Verbandsfunktionäre der Bundesrepublik völlig unfähig sind und versagt haben. Sie hätten Deutschland in eine wirtschafts- und gesellschaftspolitische Krise geführt und im internationalen Wettbewerb weit zurückfallen lassen, weil sie unverantwortliche Wahlversprechen machten oder forderten und mit "Wohltaten" die öffentliche Verschuldung eskalierten. Unter ihrem Regime sei die öffentliche Verwaltung bei Methoden des 19 Jahrhunderts stehen geblieben und arbeite wirtschaftlich erschreckend ineffizient. Anders als viele andere Unternehmer unterstützte Reinhard Mohn nicht Politiker, die die Missstände abzustellen versprachen. Er baute seine Stiftung zu einem Think-Tank aus, der seine Führungsmethoden wissenschaftlich begründet, an aktuelle politische Gegebenheiten anpasst und in Politik und Verwaltung hinein trägt.

Die Strategie, die er dafür entwickelte und mit deutlich predigerhaften Tönen in wenig beachteten Broschüren vorgestellt hat, hat viel damit zu tun, dass er Medienunternehmer ist. Leistungsvergleiche, regional, auf Länderebene und auch international, sollen die unglaubliche Ineffizienz von Politik und Verwaltung in Deutschland deutlich machen und einen Ausweg aus der Misere eröffnen. Gelingt es, den Bürgern die Effizienzunterschiede der Politiker und ihrer Verwaltungen transparent zu machen, z.B. auch durch Publikationen der Medien, wird der Wettbewerb unter den Politikern dazu führen, solche Vertreter ihrer Zunft an die Macht zu bringen, die moderne und wirtschaftliche Führungstechniken, am besten die von ihm bei Bertelsmann und in der Bertelsmann-Stiftung entwickelten, einsetzen und Deutschland international wieder so wettbewerbsfähig und zukunftsfähig machen, wie es seine Bertelsmann-Firmen weltweit jetzt schon sind.

Es bedarf keiner besonderen Erklärung, dass die Stiftung eines derart mächtigen Mediengroßunternehmers wie Reinhard Mohn bei Politikern und den politischen Spitzen von Verwaltungen schon vorauseilend sehr aufmerksam Gehör findet, besonders wenn sie ihre Konzepte und Empfehlungen wissenschaftlich aufgearbeitet präsentiert, oft in Kooperation mit namhaften wissenschaftlichen Instituten, die für zahlungskräftige Klienten wie die Bertelsmann-Stiftung gern Auftragsforschung betreiben. Politiker können eine publizistische Großmacht, die den reichweitenstärksten Privatsender RTL samt weiterer TV Sendern und dutzende private Radiosender in allen Bundesländern ebenso wie die Magazine Stern und Spiegel, viele weitere Publikumszeitschriften und die größten Buchverlage kontrolliert, kaum ignorieren, wenn sie Wert darauf legen, wiedergewählt zu werden.

Eine Bertelsmann-Tradition: Reform- und Gemeinwohllegenden

So wie Bertelsmann und Reinhard Mohn lange Jahre als etwas hinterwäldlerische Außenseiter von den Wettbewerbern gröblich unterschätzt wurden, so geschah dies auch im Bereich Politik. Reinhard Mohns große Erfolge beruhen im wesentlichen auf dieser Unterschätzung. Er steht in der langen Tradition einer protestantischen Verlegerfamilie die seit dem neunzehnten Jahrhundert gegenüber ihren Mitarbeitern Fürsorge zeigte und in ihrer Heimatgemeinde Wohltätigkeit übte, aber gleichzeitig geschäftlich Überrumpelungstaktiken zu nutzen verstand und politisch anpassungsfähig war, wo es dem Geschäft nutzte. Reinhard Mohn hat Missionseifer und gutes Gewissen, die Bertelsmanns Geschäfte früher begleiteten säkularisiert und für die Expansion des Konzerns nutzbar gemacht. Sein Urgroßvater Heinrich Bertelsmann verlegte zunächst theologische Literatur, kaufte aber bereits in der zweiten Hälfte des vorherigen Jahrhunderts quer durch Deutschland belletristische Verlage und Titelrechte von damaligen Bestsellern auf. Er ließ Teile dieser Produktion erfolgreich von sogenannten Kolporteuren, Reisebuchhändlern, vertreiben. Die Kolporteure verkauften mit berüchtigt unseriösen Überredungskünsten an der Haustür, besonders gern an Hausfrauen. Sie überhöhten ihre Verkaufstätigkeit oft damit, dass sie der Volksbildung und den damals schon populären Reformen diene (die nach dem katastrophalen Gründungsschwindel vieler Aktiengesellschaften und dem Börsenkrach von 1873 allerdings der Ausweitung der Staatszuständigkeit und Sicherung sozialer Mindeststandards galten). Später nutzte Bertelsmann die Aufrüstungspropaganda des Dritten Reiches um –wieder gleichsam in höherem Auftrag– Massen von sogenannten Kriegserlebnisbüchern, die den Wehrwillen ertüchtigen sollten, zu verkaufen. Im Krieg wurde Bertelsmann mit Bombengewinnen zum größten Literaturlieferanten für die Wehrmacht.

"in ihrem Profitstreben und ihrer Sucht nach Masseneinfluss sind beide gleich unersättlich"

Nach dem Krieg wurde Bertelsmann wieder erfolgreich, indem man sich auf unprätentiöse Literatur für die Massen verlegte und erneut den Vertriebsweg Reisebuchhandel nutzte. Mit fast militärisch exakter Planung wurde die Bundesrepublik in den frühen fünfziger Jahren von Reisebuchhändlern mit Werbekampagnen für den Bertelsmann Lesering überzogen. Diese Drückerkolonnen verschafften sich mit dem höheren Auftrag, Bücher und Bildung ins Volk zu tragen, einen guten Auftritt und scheuten nicht vor unerlaubten aber erfolgreichen Methoden der Überrumpelung zurück. Die Drücker gaben sich oft als Abgesandte der Schulbehörde, der Stadtverwaltung, oder gar einer gemeinnützigen Stiftung gegen Schmutz- und Schundliteratur aus, um angeblich Umfragen zu machen und nebenbei niveauvolle, kulturell wertvolle Bücher zum Vorzugspreis anzubieten. Mitunter ließen sie sich dabei Umfragebogen oder andere Bestätigungen für den Besuch unterschreiben, die sich Wochen später als Beitrittserklärungen zum Lesering herausstellten. Bertelsmann brachte das Millionen Mitglieder, die, weil es damals noch keinen Haustürparagraphen gab, oft für Jahre nicht aus den Verträgen herauskamen. Mitte der fünfziger Jahre wird Bertelsmann nach dem Axel-Springer-Verlag das zweitgrößte Verlagsunternehmen Deutschlands, allerdings ohne politisch relevante Publizistik, da eine eigene Illustrierte in den Fünfziger Jahren scheitert.

Dafür beginnt Reinhard Mohn in den Sechziger Jahren in Erwartung von Privatfernsehen ins Film- und Fernsehproduktionsgeschäft einzusteigen. Mitte der Sechziger Jahre kontrolliert Bertelsmann fast die gesamte Filmproduktion Deutschlands, die größte Kinotheaterkette dazu, und es zeichnet sich ab, dass sein Medien-Unternehmen politisch von Bedeutung werden wird. Im

Bundesarchiv finden sich im Bestand der damals für Westpropaganda zuständigen Organisation "Nationale Front" der DDR Auszüge einer 1964 in der DDR publizierten Analyse des Bertelsmann-Konzerns. Dort heißt es: "Bertelsmann hat nun einen großen Coup gelandet. Er kaufte in den letzten Tagen des Jahres 1963 die Universal-Film AG (UFA) auf. Der Bertelsmann-Konzern stellte bei den Kaufverhandlungen zur Bedingung, dass er keine Produktionsstätten übernehmen werde, die in Westberlin liegen. Offenbar scheint ihm das wirtschaftliche und politische Risiko zu groß zu sein... So wie Bertelsmann stieg auch Axel Springer ins Fernsehgeschäft ein. Dort stehen sich die beiden Konzerne schon als Konkurrenten gegenüber... In ihrem Profitstreben und ihrer Sucht nach Masseneinfluss sind beide gleich unersättlich."

Wenn man sich vergegenwärtigt, dass Axel Springer damals seine Unternehmenszentrale nach Berlin, direkt an die Berliner Mauer verlegte, um das Bekenntnis seiner Medien zur deutschen Einheit sichtbar zu bekräftigen, wird verständlich warum die DDR in den Folgejahren ihre Propaganda gegen den Großkapitalisten Springer-Konzern richtete und den Bertelsmann-Konzern kaum ins Visier nahm.

Zwischen SPD, Hamburger Kumpanei und Axel Springer

Im Jahre 1969 erwarb Reinhard Mohn für 80 Millionen Mark 25% des damals nach dem Springer Verlag zweitgrößten Zeitschriftenverlages Gruner + Jahr (Stern, Eltern, Twen). Die Gesellschafter von Gruner + Jahr waren die Verleger Gerd Bucerius, dem die Wochenzeitung Zeit gehörte, sowie John Jahr und Richard Gruner, die beide an Rudolf Augsteins Spiegel beteiligt gewesen waren. Stern, Spiegel und Zeit, damals auch Hamburger Kumpanei genannt, waren Medien, die Ende der Sechziger Jahre eher links orientiert waren, für die neue Ostpolitik der SPD eintraten und fortwährend publizistische Kampagnen führten: gegen die CDU, die katholische Kirche und alles was aus Bayern kam, Franz Josef Strauß zuallererst. Sie zeigten Sympathie für die revolutionären Achtundsechziger und vor allem für deren, wie wir heute Wissen, von SED und Stasi angestoßene und angeheizte Kritik an ihrem eigenen schärfsten Wettbewerber, Axel Springer. APO ("Enteignet Springer") und Hamburger Kumpanei arbeiteten damals praktisch im Tandem, um den Springer Konzern als größte Gefahr für die deutsche Demokratie zu enthüllen. Insbesondere Rudolf Augstein attackierte Springer mit Titelstorys in Serie als Deutschlands gefährlichsten "staatsmonopolistischen Großkapitalisten", der auch das damals noch öffentlich rechtliche Fernsehen privatisieren wolle.

Im Jahr 1970 überraschte Reinhard Mohn seine neuen Partner bei Gruner + Jahr mit der sensationellen Nachricht, er habe 30% des Axel-Springer Konzerns für die damals gigantische Summe von 300 Millionen DM erworben. Axel Springer war der permanenten Angriffe seitens der APO und der Hamburger Kumpanei müde geworden und wollte sich zurückziehen. Reinhard Mohns Partner bei G+J waren über diese Expansionsgelüste erschreckt. Ihre linken Redakteure forderten gar den Ausschluss von Bertelsmann aus Gruner + Jahr, falls Bertelsmann die Beteiligung an Springer behalte. Sie recherchierten und publizierten, dass Mohn von Springer den Erwerb weiterer Anteile des Konzerns sich habe zusichern lassen und dass er diese Pläne mit SPD-Politikern abgestimmt hatte. Die 300 Millionen DM hatte Reinhard Mohn von dem aufstrebenden Bankier Ludwig Poullain, damals Vorstandsvorsitzender der NRW-eigenen West LB erhalten, in deren Aufsichtsrat der sozialdemokratische NRW Finanzminister saß. Der Spiegel, für kurze Zeit gerade nicht mit den Gesellschaftern von G+J verbunden, weil Augstein 1969 alle Spiegelanteile aufgekauft hatte, brachte eine Titelstory über den neuen Medienmoloch Bertelsmann-Springer, der als integrierter audiovisueller Medienkonzern noch viel gefährlicher werden müsse als der Axel-Springer Konzern je gewesen sei. Damals populäre linke Verleger und Literaten wie Klaus Wagenbach und Peter O. Chotjewitz begannen sich auf Reinhard Mohn einzuschießen. **Günter Gaus** schrieb einen Spiegelkommentar, indem er der SPD vorwarf, die Gefahren nicht zu erkennen, die sie mit der Förderung der Übernahme von Springer durch Bertelsmann heraufbeschwöre:

> Wenn es also wahr ist, dass die sozialdemokratische Regierungspartei Frieden mit Bertelsmann hält, weil sie ihn mit Springer nicht machen konnte, so wird in diesen Tagen eine Fehlentscheidung vorbereitet, deren Folgen weit über die bisherigen kommunikationspolitischen Versäumnisse hinausreichen. Gut gemeinte Beteiligungen der Belegschaft und Mitspracherechte, wie sie bei Bertelsmann praktiziert oder für möglich gehalten werden, sind nichtssagende Kleinigkeiten, gemessen an der Totalität, mit der ein künftiger Informationskonzern von Bertelsmann Größe auf die Gesellschaft Einfluss nehmen wird.

Enthüllungen und Kritik erzielten kurzfristig Wirkung. Axel Springer machte den Verkauf rückgängig, ihm schien die Finanzierung Mohns durch die SPD-nahe WestLB zu missfallen. Reinhard Mohn zeigte Demut und schickte als Sündenbock seinen angeblich expansionsbesessenen Generalbevollmächtigten Manfred Köhnlechner in die Wüste. Mohn schwor den Plänen für Privatfernsehen ab, verkaufte Filmbeteiligungen und begnügte sich damit, mit den Trends der 68er Kulturrevolution gute Geschäfte zu machen. Während Bertelsmanns Produktpalette zuvor sehr bieder gewesen war und ein Buch nicht verlegt wurde, weil darin etwas von Unterhosen vorkam, wie ein Lesering-Lektor 1957 offenbarte, vermarkteten seine Medien und Buchverlage nun mit höheren Gewinnen und Marktanteilen die Kultur der angeblichen sexuellen und politischen Emanzipation.

Im Jahre 1973 zeigte Reinhard Mohn, dass trotz des Abgangs von Manfred Köhnlechner seine Expansionsdrang unvermindert geblieben war. Er erhöhte seinen G+J Anteil auf, 74,9%, und hielt über G+J auch noch einen 25%

Anteil am Spiegel. Axel Springer blieb der plakatierte Bösewicht der Hamburger Kumpanei. Seine Expansionspläne scheiterten immer häufiger. Während alle auf Axel-Springer starrten, konnte Bertelsmann, allenfalls vom Kartellamt beobachtet, alle Expansionsmöglichkeiten wahrnehmen und bis 1980 mehr als doppelt so groß werden wie Springer. Reinhard Mohn verstand es, sich zu arrangieren. Er ließ sich das Image vom "roten Mohn" gefallen und demonstrierte Nähe zur damals regierenden sozialliberalen Koalition. Er befürwortete "absolut die Politik der SPD zur Annäherung an den Osten, gegen unrealistische Extrempositionen in der CDU/CSU" und förderte die Kooperation mit der Sowjetunion nach Kräften, natürlich nicht, ohne dass sie sich für Bertelsmann rechnete. Sein Konzern erwarb literarische Rechte aus Moskau und erhielt für die Auswertung klassischer Schallplattenaufnahmen aus dem Osten mit sowjetischer Hilfe eine Art Monopolstellung.

SPD und Grüne in Gütersloher Gefangenschaft

Mit der Wende 1982 begannen einschneidend neue Entwicklungen im Mediengeschäft. Auch in der Bundesrepublik verbreitete sich Privatfernsehen, zunächst über Satelliten und Kabel, dann auch über Erdantenne. Allerdings etablierte sich in diesem Bereich ein Unternehmer, der sehr viel vom Film und Fernsehgeschäft verstand und mit seinem Filmhandel sehr erfolgreich gewesen war Leo Kirch. Zudem hatte Leo Kirch exzellente Verbindungen zu CDU und CSU, die mit Privatfernsehen besonders experimentierfreudig waren. Leo Kirch wurde zwar für die G+J Medien der neue Buhmann kapitalistischer Gefahr für Demokratie und Medienfreiheit, aber die Zeiten hatten sich geändert und die Kampagnen konnten den Siegeszug des Privatfernsehens nicht bremsen. Reinhard Mohn orientierte sich neu und rückte von seinen früheren, mit der Medienpolitik der sozialliberalen Regierung konformen Statements ab, er habe mit Privat-Rundfunk und Fernsehen nichts im Sinn. Er kaufte den früheren sozialdemokratischen Finanzminister Manfred Lahnstein als Vorstandsmitglied für Bertelsmann ein, der wiederum für Bertelsmann einen Anteil am Privatsender RTL erwarb und mit seinen guten Kontakten dabei half, dass RTL im bevölkerungsreichsten Bundesland NRW, regiert von den Sozialdemokraten, entscheidende Vorsprünge vor Leo Kirchs SAT 1 bei der Verbreitung über Erdantenne erhielt. Von den Medienpolitikern der SPD und besonders denen in NRW, erhielt Bertelsmann in der Folge die notwendige politische Schützenhilfe, wenn es galt die Mediengesetze so zu ändern, dass Bertelsmann weitere Beteiligungen im Privatrundfunk und Privatfernsehen, zu denen heute in Deutschland neben RTL auch RTL 2, Vox, NTV und Lokalsender in der gesamten Bundesrepublik gehören, erwerben konnte.

Reinhard Mohn war in den siebziger und achtziger und neunziger Jahren jener besondere Großunternehmer, dessen Medien eine Nähe zu Sozialdemokratie, Linksalternativen und Grünen hielten und deren Positionen und Politiker popularisierten. Die anderen Mediengroßunternehmer, Springer, Kirch, Bauer und Burda, lässt man die auf NRW konzentrierte WAZ Gruppe außer acht, ließen Ihre Medien sehr viel mehr für CDU und CSU Position beziehen. Es gelang Reinhard Mohns Medien, alle Aufmerksamkeit in Sachen Gefahren der Medienkonzentration auf Springer und Kirch zu lenken. Dies gelang so gut, dass auch Sozialdemokraten und Grüne die Gefahren, die von dem viel größer gewordenen Mediengiganten Bertelsmann ausgingen, konsequent übersahen und Bertelsmann auch noch zu der starken Position bei den elektronischen Medien verhalfen, die sie praktisch endgültig in die Gütersloher Gefangenschaft, d.h. die Abhängigkeit von Bertelsmann geraten ließen. Ganz nach den Gesetzen der modernen Mediendemokratie verdankten SPD und Grüne Ihren Wahlsieg 1998 der Medienpopularität ihrer Spitzenkandidaten Gerhard Schröder und Joschka Fischer, und diese beiden wussten sehr genau, welche Medien welches Konzerns ihnen zu dieser Popularität verhalfen. Als im Jahre 1998 wenige Tage nach den Wahlen am 30. Oktober 1998 der neue Bertelsmann-Vorstandsvorsitzende Thomas Middelhoff in der Gütersloher Hauptverwaltung festlich eingeführt wurde, machten beide Bertelsmann ihre dankbare Aufwartung. Es ist also gar kein Wunder dass zwischen der rot-grünen Bundesregierung und der unverfänglicheren Bertelsmann-Stiftung, die nur einen Steinwurf weit der Bertelsmann-Hauptverwaltung gegenüber liegt, die "gewachsene Zusammenarbeit", wie es Gerhard Schröder ausdrückte sehr, eng geworden ist.

"viel zu klug ist, um durch irgendwelche Festlegungen auf ideologische und politische Positionen noch jemandem weh zu tun."

So mächtig, wie Bertelsmann in seiner doppelten Gestalt als Konzern und Stiftung den gegenüber den rot-grünen Politikern geworden ist, so mächtig ist es offensichtlich auch gegenüber den kritischen Journalisten und Medienwächtern geworden, die sonst nie müde wurden vor den Gefahren von Kapitalmacht und Konzentration im Medienwesen zu warnen. Diejenigen Medien, die wie Spiegel und Stern für investigativen Journalismus standen und die Macht der Springer- und Kirchmedien kritisierten, gehören eh zu Reinhard Mohns Medienimperium. Wo dies seltener Weise nicht der Fall ist, wie z.B. bei der Zeit, die inzwischen zum Holtzbrinck-Konzern gewandert ist, oder bei der Süddeutschen Zeitung, wird kritischer Medienjournalismus aus einer mißverstandenen Solidarität zwischen Medienkonzernen gedrosselt oder werden Bertelsmann und Reinhard Mohn eher verklärt statt kritisch beleuchtet. Ein Beispiel lieferte Herbert Riehl-Heyse, Edelfeder der Süddeutschen Zeitung und einer der angesehensten Medienkritiker der Bundesrepublik:

"Hätte Mohn eine Vision vom allein selig machenden Glauben, von der einzig selig machenden Art die Staaten zu regieren, und versuchte er sie

durchzusetzen mit Hilfe all der in seinem Namen und in seinem Geld entstehenden Videofilme und Bestseller und Illustriertenserien: Die Welt hätte einen neuen Chefideologen mit Zugriff auf Propagandamittel, wie sie Goebbels und Stalin nicht gemeinsam zur Verfügung standen.... Wie selbstverständlich ist Reinhard Mohn mit gewachsen mit seinem Konzern, ohne doch seine Biographie zu verleugnen. Er ist sein Leben lang ein Kleinstädter geblieben, und geht ganz ungeniert davon aus, dass die große Welt eben zu ihm einfliegt über die Flughäfen in Dortmund und Paderborn.... Ganz ohne Ironie: Ein guter Mensch ist so entstanden, einer der viel zu gut und vor allem viel zu klug ist, um durch irgendwelche Festlegungen auf ideologische und politische Positionen noch jemandem weh zu tun."

Als Herbert Riehl Heyse dies im Jahre 1995 publizierte, verkündete Reinhard Mohn im Vorstand der Bertelsmann Stiftung längst seine radikalen Pläne, Politik und Sozialstaat der Bundesrepublik mit einschneidenden Reformen nach seiner Führungslehre umzugestalten. Die in den Folgejahren fast exponential anwachsenden Aktivitäten der Stiftung hatten Herbert Riehl Heyse nicht dazu bewogen, kritischer zu berichten. Eben sowenig taten dies, was die Stiftung betrifft, die anderen Investigativen Stars der Süddeutschen Zeitung, Hans-Jürgen Jakobs und Hans Leyendecker.

Im Jahre 1999 brachte der Journalistikforscher Stephan Ruß-Mohl zur Sprache, warum Bertelsmann (und Bertelsmann-Stiftung) so wenig Objekt kritischer Berichterstattung von Journalisten bleiben.

"Das Wichtigste ist, dass Bertelsmann der mächtigste Medienkonzern Deutschlands ist – und der attraktivste, wo viele Journalisten gern arbeiten möchten. Man überlegt es sich zweimal ob man etwas kritisches über seinen potentiellen zukünftigen Arbeitgeber sagt."

Eine geradezu groteske Blindheit gegenüber den radikalen gesellschaftspolitischen Ambitionen und Aktivitäten Bertelsmanns legt der vor einiger Zeit verstorbene Medienwissenschaftler und einflussreiche SPD-Funktionär **Peter Glotz** an den Tag:

„Der Konzern zielt beruhigenderweise nicht auf Unterwerfung, sondern auf Cash. Die Gütersloher sind nicht steril, sondern zivil, nicht einseitig, sondern plural. Am liebsten trollen sie sich auf der Mitte der Straße."

Dabei hatte Peter Glotz alle Möglichkeiten die einseitigen Reformaktivitäten der Bertelsmann-Stiftung zu beobachten, erhielt er doch von ihr vielfach Aufträge für Beratung und Mitwirkung an Stiftungspublikationen und schließlich sogar eine großzügig ausgestattete Stiftungsprofessur für Medienökonomie an der Universität im Schweizerischen St. Gallen.

Die Symbiose von Stiftung und Konzern droht demokratische checks und balances auszuhebeln

Die Bertelsmann-Repräsentanz in Berlin unter den Linden 1 liegt im Schnittpunkt der kürzesten Verbindungen zwischen Kanzleramt, Auswärtigem Amt und den verschiedenen Ministerien. Sie dient sowohl Konzern als auch Stiftung. Wenn Politiker dort die zahlreichen Veranstaltungen der Stiftung besuchen, befinden Sie sich auch in den Räumen des Konzerns und wenn sie dort auf Vorstandsmitglieder oder Kuratoriumsmitglieder der Stiftung stoßen, sind diese oft auch gleichzeitig Vorstands- oder Aufsichtsratsmitglieder des Konzerns. Das gemeinsame Auftreten des größten und mächtigsten deutschen Medienkonzern mit Deutschlands größter Unternehmensstiftung, die gleichzeitig auch Deutschlands größter politischer und gesellschaftspolitischer Think-Tank ist, unterminiert permanent die checks und balances, die unsere Demokratie braucht. Nur wenige Politiker und Journalisten können dem mächtigen Konzern, der es so gut versteht, etwas als im öffentlichen Interesse liegend zu verkaufen, unbefangen genug begegnen, um die Aktivitäten der Stiftung hinreichend kritisch zu beleuchten.

Der Bertelsmann-Think-Tank unterscheidet sich zudem wesentlich von anderen ähnlich großen neoliberalen und neo-konservativen Think-Tanks, wie wir sie sonst aus den USA kennen. Dort haben konservative Wissenschaftler und Intellektuelle diese Think-Tanks, wie Heritage Foundation oder American Enterprise Institut gegründet und Spenden und Stiftungen von Unternehmern eingeworben, um die gesellschaftspolitische Debatte durch wissenschaftliche und philosophische Beiträge in eine konservative Richtung zu drängen. Diese Think Tanks kennen und praktizieren die offene intellektuelle Debatte, die auch Grenzen und Fehler der eigenen Konzepte aufzeigen will.

Die Bertelsmann-Stiftung hat nur einen Stifter, Reinhard Mohn. Sie zeigt keinerlei Interesse an einer offenen intellektuellen Debatte der Grenzen und Schwächen in Reinhard Mohns Führungsideen und daraus abgeleiteten Reform-Konzepten. Mohn hat die Stiftung darauf festgelegt, die Richtigkeit seiner gesellschafts- und wirtschaftspolitischen Ideen wissenschaftlich und praktisch zu beweisen. In einer seiner neueren Publikationen im Verlag der Stiftung kann man z.B. folgendes lesen:

"Ein von der Bertelsmann-Stiftung derzeit für den Bereich der Wirtschaft vorbereiteter Betriebsvergleich (Hervorhebung HF) wird für Wissenschaft und Praxis führungstechnische Erkenntnisse von größter Tragweite zur Verfügung stellen. Er wird bestätigen, dass die wichtigste Erfolgskomponente in unserer Zeit ein sachgerechtes Führungssystem ist und er wird auch erweisen, dass durch ein neues Zielverständnis und ein deutlich anderes Führungsverhalten die notwendigen Reformimpulse auszulösen sind... Der von mir durch den Betriebsvergleich angestrebte Beweis der Überlegenheit des Systems kooperativer Führung wird die Entscheider in Staat und Wirtschaft mit seinen Ergebnissen beeindrucken!"

Reinhard Mohn hat in Interviews explizit deutlich gemacht, dass sein Erfolg ihm Recht gegeben hat und er nicht bereit ist, sich von anderen, die wirtschaftlich viel weniger erfolgreich sind als er, belehren zu lassen. Der Vorstandsvorsitzende der Stiftung von 2002-2005, Prof. Dr. Heribert Meffert, ist einer der renommiertesten deutschen Marketingexperten. Seine Aufgabe war es nicht, die Konzepte und Empfehlungen von Mohns Stiftung zu hinterfragen, sondern sie der Öffentlichkeit zu verkaufen. Er entwickelte Strategien, die der Bertelsmann-Stiftung zwecks noch besserer Akzeptanz ihrer Reformkonzepte eine Markenidentität geben soll.

Das zweite wissenschaftliche Schwergewicht der Stiftung, Prof. Werner Weidenfeld, berät in seinem primär von der Bertelsmann-Stiftung finanzierten „Centrum für angewandte Politikforschung" (CAP), ebenfalls das größte Institut seiner Art in Deutschland, die deutschen und europäischen Politiker in Fragen der Europa- und Außenpolitik.[30] Er vermittelt dem Konzern alle politischen Kontakte, die dieser zur Absicherung seiner führenden Position in Europa und weltweit für die weitere Expansion braucht. Dass er die Ideen und Konzepte Mohns auf ihre Grenzen und Schwächen hinterfragt, ist bislang ebenfalls noch nicht sichtbar geworden. Noch weniger können dies die Projektmitarbeiter der Stiftung, von denen viele nur Zeitverträge haben und die bei der gegenwärtigen Situation auf dem Arbeitsmarkt kaum ein Interesse haben können, Kennziffern, Fakten und Argumente zu präsentieren, die den Stifter Reinhard Mohn nicht bestätigen.

So leidet die von der Bertelsmann-Stiftung geprägte und von Medien des Konzerns als Schritte in die richtige Richtung unterstützte Reformpolitik unter Reinhard Mohns ideologischer Fixierung auf eine rein mikroökonomische, angebotsorientierte Betrachtungsweise: Der Konzernchef will alle wirtschaftspolitischen Probleme mit der Flexibilisierung des Arbeitsmarktes, der Senkung von Lohn- und Lohnnebenkosten und der Senkung der Staatsausgaben mittels weitgehender Privatisierung öffentlicher Leistungen und Güter lösen. Nicht alle von der Stiftung vorgeschlagenen Reformprojekte in Richtung auf mehr Wirtschaftlichkeit und Privatisierung gehen fehl, aber in der Arbeit der Stiftung fehlt das Augenmaß, das sich mit der ideologischen Fixierung trübt, so dass Grenzen der Machbarkeit ebenso wie negative gesamtwirtschaftliche Rückwirkungen überzogener Privatisierungsmaßnahmen nicht mehr erkannt werden. Ihre unrealistisch negativen Darstellungen der mangelnden Wettbewerbsfähigkeit Deutschlands und der Kosten des Sozialstaates in den letzten Jahren z.B. unterminierten das Vertrauen in die deutsche Wirtschaft und wirkten daran mit, eine wirtschaftliche Abwärtsspirale in Gang zu setzen, statt zum Aufschwung beizutragen.

---

[30] Vgl. Beitrag von Hagenloch in diesem Band.

Die Gefährdung der deutschen Demokratie durch die enge Symbiose von Bertelsmann-Konzern und Bertelsmann-Stiftung kann, so absurd das für viele kritische Köpfe klingen mag, geringer werden, wenn die Neuwahlen im Herbst zur Abwahl von Rot-Grün führen. Auch die Unionsparteien und die FDP müssen aber die enorme publizistische Macht des Bertelsmann-Konzerns und den nicht weniger großen lobbyistischen Einfluss der Stiftung sehr ernst nehmen. Aber sie dürfen mit der Unterstützung der anderen Großverleger (Springer, Bauer, Burda) rechnen und sind deshalb von Bertelsmann nicht so abhängig wie SPD und Grüne.

Wie sich in den angelsächsischen Ländern gezeigt hat, können ein großer Medienkonzern und ein großer Think Tank, erst recht wenn sie gemeinsam agieren, an traditionellen Machtstrukturen in Parteien vorbei Allianzen mit aufstrebenden Politikern schmieden und diesen zu der Popularität und Programmkompetenz verhelfen, die sie in die Führung von Partei und Regierung bringt.

2. Bildung á la Bertelsmann

Horst Bethge: Bertelsmann macht Schulpolitik[31]

Von der output-gesteuerten Schule...

Die schulpolitischen Aktivitäten des Bertelsmann Konzerns sind nicht als isoliertes Einzelphänomen verständlich. Sie sind vielmehr eingebettet in einen größeren Feldzug zur Privatisierung des Bildungswesens, der nur ein Teilbereich einer größeren Strategie ist, deren Ideologie sich selbst als „Neoliberalismus" bezeichnet. Neu ist daran jedoch wenig, liberal noch weniger. Es geht vielmehr um ein Rollback der Errungenschaften der modernen Demokratien und des modernen Sozialstaats: Die Staatskassen werden entleert und die finanziellen Mittel der westlichen Gesellschaften werden unter dem Vorwand eines von den Massenmedien zur ultimativen Drohkulisse aufgebauschten globalen Wettbewerbs in die Kassen privater Konzerne umgeleitet.

Der Bildungsbereich hat dabei neben den Massenmedien eine Schlüsselrolle und in beiden Bereichen ist der Bertelsmann Konzern auf leisen Sohlen in wichtige Positionen vorgerückt, um sie im Sinne der Ideologie des Neoliberalismus zu funktionalisieren. Konkret heißt dies auch für die Schule: Offene Diskussion und demokratische Entscheidungsfindung werden ersetzt durch technokratische Einflussnahme und Steuerungsverfahren aus der neueren Betriebswirtschaftslehre.

Die Einführung betriebswirtschaftlicher Methoden im Bereich der Hamburger Schulbehörde wurde etwa 1997 offenbar. Der Personalrat, also der Betriebsrat der Schulbehörde, wurde plötzlich mit einem Wechsel administrativer Strategie vom üblichen kameralistischen Denken in Planstellen zu einem am privatwirtschaftlichen Marketing orientierten Denken in „Produktbeschreibungen" und ihrer Erfassung in Kennziffern. Die Schulbehörde folgte dabei einer Umstellung der kommunalen Verwaltung auf die sogenannten „neuen Steuerungsmodelle", die seither überall Einzug gehalten haben. Die Finanzierung der Einrichtungen soll dabei output-gesteuert erfolgen, über eine Abschätzung der „Erträge", wie aus dem Lehrbuch des Controlling, einem Teilgebiet der Betriebswirtschaftslehre. Eine politische Hintergrundrecherche brachte schnell einen bedeutsamen privatwirtschaflichen Akteur als treibende Kraft dieser Bemühungen zur Umstrukturierung der öffentlichen Verwaltung ans Licht: Bertelsmann.

---

[31] Vortrag auf dem Kongress „Bertelsmann –Ein globales Medienimperium macht (Hochschul-) Politik" vom 15.-17.7.2005 in Hamburg, Mitschnitt transkribiert von T.Barth, vom Redner autorisiert.

Bevor der Hochschulbereich in das Blickfeld des Bertelsmann Konzerns, seiner Stiftung und ihrer diversen „Ausgründungen", um nicht zu sagen Tarnorganisationen, geriet, hatte man schon seit längerer Zeit und von der Öffentlichkeit nahezu unbemerkt die kommunale Verwaltung bearbeitet. Mit der Methode der Best-practise-Analyse hatte man in den USA und Canada Verwaltungsmethoden studiert und bot sie nun in deutschen Landen über die kommunale Gemeinschaftsstelle unter dem Schlagwort „Kommune als Konzern" an. Diese Prinzipien sollten nun Schritt für Schritt auch auf das Bildungswesen übertragen werden, so dass Bertelsmann heute der Konzern ist, der den größten privatwirtschaftlichen Einfluss auf das öffentliche Schulwesen hat.

Begonnen haben die Eingriffe der Bertelsmann Stiftung in die Schulpolitik mit der scheinbar gänzlich uneigennützigen Förderung einzelner Projekte. Die ersten Gelder aus der Kasse des Milliarden-Konzerns bekam Reinhard Kahl, dessen Filme bis heute auf bildungspolitischen Veranstaltungen, Elternabenden usw. Furore machen. In USA, Kanada und anderswo filmte er in einer Best-practise-Studie Schulen, um Methoden, organisatorische Abläufe und Finanzierungsmodelle vorzuführen. Die Studie war gut gemacht, es war also ein durchaus lobenswertes Projekt, das die Zielrichtung der Einflussnahme zunächst noch nicht offenbarte.

In der zweiten Stufe setzte Bertelsmann Preise aus, um durch Belobigung und Einsatz seiner Finanzmacht Zielrichtungen für den Schulalltag vorzugeben, zunächst aus einer Rolle des gütigen Spenders und Förderers heraus. Schließlich wurde der Bertelsmann Konzernchef Reinhard Mohn selbst 1995 Mitglied der großen Reform-Kommission „Zukunft der Bildung – Schule der Zukunft", die für eine Neuorganisation der Schulen eintrat. Der spätere Bundespräsident Johannes Rau hat diese Kommission damals als Ministerpräsident in NRW geleitet, deren Arbeitsergebnisse in großem Maße auf den von Mohn mitgebrachten Beraterstab zurück gehen. Die Zusammenarbeit lief letztlich darauf hinaus, dass es zu einer informellen Institutionalisierung der schulpolitischen Beratung der NRW-Landesregierung durch die Bertelsmann Stiftung kam.

Der nächste große Schritt war dann für die Bertelsmänner, der Landesregierung NRW ein Entwicklungskonzept „zur Stärkung der Schule", vorzulegen, was eine Stärkung der einzelnen Schulen gegenüber den Regierungspräsidien und der Schulaufsicht meinte. Daraus wurde dann 1997 „Schule & Co", umgesetzt zunächst im Kreis Herfurth und der Stadt Leverkusen an 52 Schulen, heute sind es bereits 90 Schulen. Ziel des Projekts war eine Öffnung der Schulen in die Gesellschaft, durchaus eine lobenswerte Forderung der Reformpädagogik. Die Bertelsmann Stiftung schickte ihre Leute aus, um für die Schulen Kontakte in lokale Betriebe hinein zu knüpfen, Besichtigungen und Praktika zu organisieren –auch dies lobenswerte

Bestrebungen, die jedoch schon etwas deutlicher die Ausrichtung der Bildung auf ihre Nutzbarmachung durch die Wirtschaft zeigte.

Dann kam der Initiativkreis Bildung der Bertelsmann Stiftung, zurückgehend auf Bundespräsident Roman Herzogs berühmte Bildungsrede vom November 1997, vereinigte sich dort im Memorandum „Zukunft gewinnen –Bildung erneuern" die Politik schon 1999 zur großen Koalition der neoliberalistischen Bildungsprivatisierer, von Peter Glotz über Lothar Späth bis zu Roland Koch.[32] Herzogs „Ruck-Rede", auch inspiriert aus Gütersloh, drang über die Medienmacht und viele offizielle und offiziöse Hochglanzbroschüren auf die Öffentlichkeit ein.

Im Jahr 2000-2001 startete NRW-weit das Modell „selbstständige Schulen", für das Bertelsmann neben der Landesregierung auch den DGB und die dortige GEW mit ins Boot holen konnte. In 278 Schulen steckte der Staat zur Umsetzung eine Menge Geld: jede Schule bekam für sechs Jahre eine halbe bis eine volle zusätzliche Planstelle. Bedenkt man, dass eine kleine Schule oft nur über zwölf Planstellen verfügt, wird deutlich, dass eine halbe Stelle zusätzlich einen enormen Gewinn an Möglichkeiten bedeutet. Eine halbe Planstelle mehr ist für eine Schule ein Gewinn, für den an anderer Stelle mancher Personalrat harte Kämpfe hätte ausfechten müssen. Diese ca. 150-200 Planstellen waren ein großer Aufwand für das Land NRW, das damit den örtlichen Projektleiter finanzierte, die Projektleitung insgesamt lag aber bei der Bertelsmann Stiftung. Im Projekt wurden dann zunächst die Schulen in „Contracten" –Englisch geschrieben, damit juristisch nicht einklagbar– verpflichtet, in verschiedenen Arbeitsfeldern den an betriebswirtschaftlichen Modellen orientierten Vorgaben der Stiftung zu folgen.

Erstens ging es darum, ihre Personalbewirtschaftung umzustrukturieren, wobei neue Formen der Mitbestimmung erprobt werden sollten: der Personalrat wurde abgeschafft und durch eine Personalkommission ersetzt. De facto wurde die Mitbestimmung dadurch eingeschränkt, denn die Kommission hatte nun keine verbindlichen Mitbestimmungsmöglichkeiten mehr, die der Personalrat zuvor gehabt hatte.

Zweitens, im Feld „Sachmittelbewirtschaftung" wurde im Modell „selbstständige Schulen" ein schulbezogenes Budget vergeben, dass an der einzelnen Schule mittels Kosten-Nutzen-Analyse verwaltet werden sollte, natürlich unter Anleitung der Bertelsmänner. Die Übertragung dieser betriebswirtschaftlichen Methode auf den Schulbereich ist jedoch höchst fragwürdig, da hier leicht ermittelbare Kennziffern für den „Output" fehlen. Erprobt wurde dabei auch das Outsourcing, wobei die Beratungs- und Unterstützungsfunktion der Verwaltung außerhalb der Schule zu lokalisieren

---

[32] Bertelsmann Stiftung (Hg.), Zukunft gewinnen –Bildung erneuern, Goldmann Verlag (Verlagsgruppe Bertelsmann) München 1999.

sind, bei privaten Beraterfirmen, die etwa dem Schulleiter das Personalmanagement oder die Buchhaltung abnehmen sollten.

Drittes Feld war die Unterrichtsorganisation, der Unterricht wurde neu rhythmisiert, und Unterrichtsgestaltung, inklusive der Ausgestaltung der Leistungsbewertung und Leistungsbescheinigung: Die herkömmlichen Zensuren wurden in Kennziffern aufgelöst.

Arbeitsfeld vier war die innere Organisation der Schule, in dessen Rahmen auch die Schüler zur persönlichen Verantwortung für ihre „Lernbiographie" angehalten wurden.

Arbeitsfeld fünf war die Qualitätssicherung und Rechenschaftslegung für die auf Kennziffern gestützte Evaluation.

Diese fünf Arbeitsfelder werden nun entwickelt, das Projekt läuft weiter. Die Schulen waren zunächst mit Begeisterung in das Projekt eingestiegen, denn es gab ja eine Planstelle mehr, man konnte innovativ Gestalten, die Betriebe im Umfeld wurden für die Schule erschlossen, man hatte die Bertelsmänner als Berater. Mittlerweile macht sich an der Front der Schulpraktiker aber Unmut breit, denn das Controlling durch Kennziffern erweist sich immer mehr als Knebelung der freien Unterrichtsgestaltung. Die Weiterentwicklung und Ausdifferenzierung der Kennziffern hat mittlerweile zu, nach letzter Zählung 2005, nicht weniger als 912 verschiedenen Parametern geführt, nach denen der Schulalltag, die pädagogischen Prozesse usw. zu katalogisieren und zu bewerten sind. Eine in aufwändigen Workshops von Betriebswirtschaftlern dabei ermittelte Sollkennziffer betrifft dabei z.B. den Prozentsatz der Schulabgänger, die eine Lehrstelle erhalten.

Bislang galt für den Praktiker an einer Hauptschule ganz einfach die Kennziffer 100%, jeder sollte das Recht auf eine Lehrstelle haben. Doch jetzt soll die sozialpolitische Forderung eines Rechtes, nämlich des Rechtes auf Bildung, offenbar durch die technokratische Feinsteuerung von gesellschaftlichen Ausgrenzungsprozessen ersetzt werden. Die politische Forderung an die Unternehmen, mehr Lehrstellen zu schaffen wird dann durch die technokratische Forderung an die Lehrer ersetzt, doch bitte schön „besser" auszubilden. „Besser" heißt dann, noch besser an die ökonomische Nutzung ihres „Outputs", der Schüler, angepasst. Persönliche Bedürfnisse der Schüler, kulturelle und politische Dimensionen der Gesellschaft sollen der Wirtschaft in immer größerem Maße unterworfen werden. Aber auch dies würde ja keine Lehrstellen schaffen, es würde nur die Verantwortung für fehlende Lehrstellen bei der Schule und letztlich auch beim einzelnen Schulabgänger abladen.

...zum online-gesteuerten Schüler

Da dieser spezielle „Output" der Hauptschule, die Ergatterung von Lehrstellen ihrer Absolventen, aber äußeren Bedingungen unterliegt, handelt es sich hier selbst aus betriebswirtschaftlicher Sicht um unechte Kennziffern, vor deren Gebrauch der professionelle Controller immer warnt. Soziale Prozesse sind ohnehin nicht in Kennziffern zu erfassen. Die Kultusministerkonferenz hat sich den Bertelsmännern jedoch inzwischen angeschlossen und fordert Controlling mit Kennziffern und dem betrieblichen Steuerungsinstrument R3 der Softwarefirma SAP. Diese Einführung computergestützten Workflowmanagements krankt jedoch am grundlegenden Denkfehler, den Menschen als Produkt zu sehen und die Bildung auf eine Stufe mit Dienstleistungen zu stellen. Bildungsprozesse lassen sich aber nicht so leicht messen und ihre Messung wäre ein Bewertungsvorgang psychologischer, kultureller und politischer Art, der Betriebswirtschaftlern völlig fremd ist.

Wie dies dennoch in die Tat umgesetzt wird, konnte ich bei einem Besuch in den USA beobachten, in einer Schule in Kalifornien. Dort hat der Lehrer für jeden seiner 20 Schüler auf einem Schaltpult zwei Knöpfe, auf denen er „in Echtzeit" –ein Modewort neoliberalistischer Herrschaftsansätze– jeweils eingeben kann, ob das Schulkind gerade eifrig lernt, den Unterricht stört, die Hausaufgaben dabei hat usw. Eltern können ebenfalls in Echtzeit online übers Internet den Schultag ihres Sprösslings überwachen –gegen Gebühr versteht sich. Zuerst fanden die Lehrer dies zur Entlastung ihres Gedächtnisses ganz gut, doch inzwischen wird auch dort vielen klar, dass die Reduzierung des Menschen auf Kennziffern inhuman ist und selbst dann abzulehnen wäre, wenn sie tatsächlich zu den neoliberal vergötzten „Effizienzgewinnen" führen würde. Ob sie dies Versprechen überhaupt einlösen könnte, wäre im Übrigen auch erst noch zu beweisen. Einstweilen führt sie nicht zu einer besseren, sondern nur zu einer besser überwachten Bildung, und das heißt zu besser an die Wünsche der Wirtschaft angepassten Schülern.

Dennoch ist dies die Strategie auch der Schulpolitik von Bertelsmann, wie sie jetzt bundesweit das ganze Schulsystem erfassen soll, im neoliberalisierten Konsens aller schwarzen, gelben, roten und grünen Bildungsadministrationen. Aus der Sicht moderner Pädagogik, wie aus der Sicht des Praktikers ist die Auflösung eines nur ganzheitlich zu erfassenden Prozesses wie der Bildung in Kennziffern und damit ihre Taylorisierung aber abzulehnen. Die unmenschlichen Wirkungen eines taylorisierten Gesundheitswesens bekommen wir gerade erst zu spüren. Alte, Hilflose, pflegebedürftige Menschen sind dort die Opfer einer im Effizienzwahn Amok laufenden „Reform"-Stampede, deren ultima ratio immer wieder die, weil zu Gunsten der Privatwirtschaft ausgeplünderten, leeren Kassen sind. Wir werden die Wirkung eines kruden Taylorismus, der sich unter seinem Label „Neoliberalismus" auch in puncto Organisation, Management und Bildung für der Weisheit letzten Schluss hält, bald auch an jeder Schule spüren können. Doch dieser Angriff auf die Bildung erfolgt nicht nur lokal und regional, er hat auch einen internationalen Stoßtrupp und auch hier hat sich Bertelsmann still und heimlich an die Spitze der Bewegung gesetzt.

All die hier beschriebenen Vorgänge im Bildungswesen sind Teil der Lissabon-Strategie der EU, der zufolge Europa in zehn Jahren der dynamischste Wirtschaftsraum der Welt werden soll –in Konkurrenz mit den USA und Japan. Die Angleichung der europäischen Verwaltungsstrukturen soll demnach nicht durch einheitliche Rechtsgrundlagen erfolgen, sondern durch normsetzende Vergleiche, Rankings, Best-practise über alle Bereiche. Über Veröffentlichung der Rankings werden einzelne Regierungen dann unter öffentlichem Druck ihre Länder angleichen. Bestes Beispiel ist die PISA-Studie für den Bildungsbereich, die auf Indikatoren der OECD beruht. Die Herrschaft durch freiwillige Unterwerfung der Beherrschten unter technokratisch vorgegebene Normen nennt sich auch „New Governance". Diese Handlungsmaxime der EU befindet sich in schönem Einklang mit den GATS-Verhandlungen der WTO, wo Bertelsmann seinen strategischen Einfluss von der internationalen Seite her ausübt. Denn Gesetze der EU werden oft genug in vollständig ausgearbeiteter Form vorgelegt von einem internationalen Gremium hochrangiger Industrieller, dem ERT (European Round Table of Industrialists), und dann EU-parlamentarisch übernommen. Und dort am ERT sitzt auch natürlich auch der Bertelsmann Konzern mit am Tisch, aber nicht nur dort: auch bei GATE (Global Alliance for Transnational Education), Universitas 21, European Services usw. sitzen die Bertelsmänner neben Coca Cola, IBM, Microsoft, AT&T und der ganzen globalen Prominenz der multinationalen Industrie. Auch hinter PISA finden sich große private Unternehmen mit Ambitionen zur Markterschließung im Bildungswesen wie der European Educational Testing Service. Bei den GATS-Verhandlungen fordern diese Wirtschaftsriesen die Öffnung der Universitäten für private Dienstleistungsanbieter, ihr Vertreter bei GATS wurde entsandt von Bertelsmann.

Als Fazit bleibt, dass wir keinesfalls das preußisch-obrigkeitsstaatliche Verwaltungssystem im Bildungswesen verteidigen wollen, aber ebensowenig dürfen wir auf die neue am Marketing geschulte Herrschaftsstrategie der Bertelsmänner hereinfallen. Wenn dort die Autonomie für die Schule gefordert wird, klingt das sehr schön. Welcher Pädagoge wollte nicht auf seine autonome Freiheit der Lehre pochen. Gemeint ist damit aber etwas ganz anderes: die Autonomie der Einzelschule, die dadurch anfällig gemacht werden soll für Begehrlichkeiten der Wirtschaft, für Beraterfirmen und private Investoren. Stattdessen müssen wir die Autonomie des Pädagogischen gegen die Betriebswirtschaft verteidigen und zu repolitisieren:

Bildung ist keine Ware!

Oliver Schöller: Die Bertelsmann-Stiftung –Hegemonie im Bildungsbereich

Motto „Ich glaube, wir kommen in Zukunft an Studiengebühren nicht vorbei. "
Horst Köhler, ehemaliger Präsident des IWF
und neuer Bundespräsident 2004

Immer mehr ehemals staatlich erbrachte Leistungen werden heute durch private Unternehmen oder in Zusammenarbeit mit ihnen in *Public Private Partnership* erbracht. Vormals hierarchisch verfasste staatliche Entscheidungsstrukturen geraten unter Legitimationsdruck und werden durch zivilgesellschaftliche Partizipationsmöglichkeiten ergänzt. Die zentrale Rolle des Staates schwindet in dem Maße, wie die anderen gesellschaftlichen Bereiche an Bedeutung gewinnen. Begrifflich und konzeptionell wird die traditionelle Form der staatlich dominierten Vergesellschaftung als *Government* von den neuen Formen der *Governance* unterschieden.[33]

In diesem Beitrag soll gezeigt werden, dass die bildungspolitischen Richtungsentscheidungen in letzter Zeit immer stärker von zivilgesellschaftlichen Akteuren beeinflusst wurden. Hierbei handelt es sich insbesondere um Stiftungen. Diese Formen politischer Einflussnahme sind nicht neu. So ist mit dem Historiker Jürgen Kocka sowohl an die liberale Stiftungskritik des 19. Jahrhunderts wie auch an die sozialdemokratische Stiftungsskepsis des 20. Jahrhunderts zu erinnern, deren prinzipielle Einwände bis heute Gültigkeit haben: „Die Stifter gehören fast durchweg zu einer mehr oder weniger wohlhabenden Minderheit. Stiftungen können daher auch Mittel sein, um den Einfluss der Stifter und ihrer Nachkommen zu verstärken. Sie können insofern Mechanismen sein, die sozialökonomische Vorsprünge in politische oder kulturelle Macht übersetzt."[34] Mit anderen Worten: Stiftungen zeichnen sich durch einen Doppelcharakter aus, sie sind ebenso Ausdruck von bürgerschaftlichem Engagement für das Gemeinwesen wie auch Instrument der herrschenden Klasse zur gesellschaftspolitischen Einflussnahme. Es ist im Einzelfall zu prüfen, ob die Stiftungsaktivitäten vorwiegend auf das Gemeinwohl zielen oder ob sie in erster Linie Privatinteressen verfolgen.

---

[33] Vgl. Arthur Benz: Governance – Regieren in komplexen Regelsystemen, Wiesbaden 2004.

[34] Jürgen Kocka: Die Rolle der Stiftungen in der Bürgergesellschaft der Zukunft, in: Aus Politik und Zeitgeschichte B 14/2004, S. 3 f.

Haus des Lernens – Die NRW-Bildungskommission

Den Anfang einer bis heute nicht abreißenden Folge von bildungspolitischen Initiativen machte 1992 die Bildungskommission des Landes Nordrhein Westfalens, die ihren Bericht 1995 präsentierte. [35] Das Gremium bestand aus 22 Politiker, Vertretern der Gewerkschaften und der Wirtschaft sowie Professoren. An prominenter Stelle war der Leiter der Bertelsmann-Stiftung und Unternehmenspatriarch Reinhard Mohn beteiligt. Es waren insbesondere die bildungspolitischen Aktivitäten der Bertelsmann-Stiftung, die hier ihren Ausgang nahmen. Sie bildeten gleichsam die Basis für wesentlich umfangreichere bildungspolitische Aktivitäten, wobei die Bildungskommission NRW die später gegründeten bildungspolitischen *think tanks* inhaltlich wie personell beeinflußte. Zugleich macht sie aber auch deutlich, wie sich der bildungspolitische Diskurs verschoben hat. Während in ihrem Bericht noch durchaus emanzipative Bildungsreformkonzepte vorgestellt werden, reduziert sich die Debatte im weiteren Verlauf zunehmend auf Vorschläge zur Bildungsfinanzierung. Gleichwohl finden sich auch schon hier die ersten Ansätze einer Bildungsfinanzierungsreform.

Die Kommission konzentrierte sich auf das Schulsystem. Die Notwendigkeit struktureller Veränderungen begründen die AutorInnen mit grundlegenden Transformationsprozessen in allen vergleichbaren Industrieländern, deren Bedeutung für das Bildungssystem erst seit Beginn der 90er Jahre wahrgenommen werde. Zu den tiefgreifenden gesellschaftspolitischen Veränderungen zählt der Kommissionsbericht eine Pluralisierung der Lebensformen und sozialen Beziehungen, Einflüsse durch neue Technologien und Medien, ökologische Fragen, die Bevölkerungsentwicklung und Auswirkungen von Migrationsbewegungen, die Internationalisierung von Lebensverhältnissen sowie den damit einhergehenden Wandel von Wertvorstellung und Orientierungen. Diese tiefgreifenden Veränderungen könnten nicht mehr durch bloße Anpassungen des bestehenden Bildungssystems verarbeitet werden. Ebenso wie in anderen gesellschaftlichen Bereichen Reparaturmaßnahmen allein auf der Grundlage traditioneller Gestaltungsmuster und Verantwortungsstrukturen den umfassenden gesellschaftlichen Veränderungen nicht mehr gerecht würden, so müsse es der Bildungskommission zufolge auch im Bildungswesen zu einer grundlegenden Neuorientierung kommen.

Als Leitbild entwickeln die Autoren das „Haus des Lernens". Dem liegt der Gedanke zugrunde, die bisher geschlossene Bildungsanstalt durch eine nach allen gesellschaftlichen Seiten hin offene Bildungsorganisation zu ersetzen. Die Alltagserfahrungen von Schülerinnen und Schülern sollen Eingang in das

---

[35] Bildungskommission des Landes NRW: Zukunft der Bildung – Schule der Zukunft. Neuwied 1995.

Bildungssystem finden und Teil des Lernprozesses werden. Der Erwerb fachlicher Kompetenz soll verknüpft werden mit der Orientierung an Fragestellungen, die sich aus konkreten Lebenssituationen ergeben.

Der auf abrufbares Prüfungswissen angelegte Frontalunterricht sollte weiterentwickelt werden zu innovativen Formen kooperativen Lernens. Ebenso wie sich die Bildungsanstalt öffnet, um neue gesellschaftliche Impulse aufzunehmen, verändert sich auch der vormals autoritäre Habitus des Lehrkörpers indem er sich einem gemeinsamen sozialen Erfahrungsraum zuwendet. In Zukunft sollte nicht mehr auf Abschlüsse hin gelernt werden, die es dem Einzelnen ermöglichen, von einer Bildungsinstanz in die nächste zu stolpern, vielmehr sollte eine Lernkompetenz vermittelt werden, die Schülerinnen und Schüler zu lebenslangem Lernen befähigt.

Neben einer inhaltlichen Neubestimmung ging es der Kommission um ein verändertes Steuerungssystem. Die überwiegend hierarchisch strukturierten und zentralistisch organisierten staatlichen Regelungsmechanismen sollten durch demokratische Partizipationsmöglichkeiten ergänzt werden. Der Einzelschule müsse dafür ein rechtlich gesicherter Handlungsspielraum gewährt werden, innerhalb dessen sich Lehrende und Lernende, Eltern sowie andere interessierte Personen des gesellschaftlichen Lebens freier als bisher bewegen können.

Die Prinzipien der Selbstgestaltung und Selbstverantwortung seien nur dann zu realisieren, wenn die Schulen über entsprechende Mittel verfügen. Der Kommissionsbericht befürwortet daher die Umstellung der geltenden Bewirtschaftungsform auf ein Pauschalfinanzierungskonzept. Im Rahmen eines großzügig bemessenen Pauschalbudgets sollte es den Einzelschulen erlaubt sein, in Eigenverantwortung individuelle Akzente der Finanzierung und Bewirtschaftung zu setzen.

Die Autoren betonen zwar ausdrücklich, dass sie an der staatlich-kommunalen Finanzierung festhalten wollen und die Finanzierungsprobleme der öffentlichen Haushalte nicht zur Instrumentalisierung ihrer Vorschläge im Sinne knapp bemessener Pauschalbudgets verwandt werden sollten. Überdies erteilen sie einer Marktsteuerung der finanziellen Ressourcen im Bildungssystem eine deutliche Absage. Gleichwohl wird ein Ist-Zustand der öffentlichen Bildungsausgaben in NRW beschrieben, der zukünftig die Etablierung effizienterer Organisationsformen der Bewirtschaftung an den einzelnen Bildungseinrichtungen erforderlich macht.

Mit anderen Worten: Die Studie postuliert einen Finanzierungsvorbehalt der öffentlichen Hand, der bei einer zu erwartenden Nachfragesteigerung aufgrund zunehmender Schülerzahlen in den kommenden Jahren zu Finanzierungsengpässen führen wird. Dem könne nur durch die Einführung eines veränderten Bewirtschaftungssystems begegnet werden, welches den Akteuren vor Ort eine Binnenoptimierung der finanziellen Ressourcen ermöglichen soll. Die Bildungseinrichtungen sollten langfristig über einen garantierten Betrag verfügen und den Einsatz der finanziellen Mittel (Sach- oder Personalmittel) nach der jeweiligen Bedarfslage bestimmen dürfen. Darüber hinaus soll ein Wettbewerb der Schulen um zusätzliche öffentliche Gelder eines regionalen Entwicklungsfonds angeregt werden.

Abschließend empfiehlt die Bildungskommission die Erschließung zusätzlicher privater Mittel. Durch Sponsoring oder durch den Verkauf eigener Leistungen auf dem Bildungsmarkt könnten zusätzliche finanzielle Mittel erwirtschaftet werden. Aber auch umgekehrt sollen die Schulen in die Lage versetzt werden, Leistungen Dritter einkaufen zu können. Dem Kommissionsbericht folgend geht es hierbei allerdings in erster Linie darum, in den Schulen ein Finanzierungs- und Kostenbewusstsein zu etablieren. Dies solle durch die Einführung eines Controlling- und Berichtswesens unterstützt werden. Auf diese Weise könne eine allgemeine Vergleichbarkeit von finanziellen Ausgaben und dadurch erzielten Leistungen erreicht werden. Das Ziel bestehe darin, das derzeitige kameralistische System durch ein System der Kosten-Leistungsrechnung zu ersetzen.

Das Centrum für Hochschulentwicklung (CHE)

Fast zeitgleich mit ihrem Engagement in der nordrhein-westfälischen Bildungskommission entfaltete die Bertelsmann-Stiftung erste Aktivitäten im Hochschulbereich. Dabei ging sie strategisch ausgesprochen geschickt vor, indem sie den Kontakt mit der Hochschulrektorenkonferenz (HRK), also einer Versammlung der Repräsentanten hoheitlicher Bildungseinrichtungen, suchte. Aus dieser Liaison ging 1994 die Gründung des Centrums für Hochschulentwicklung (CHE) hervor. Das CHE ist eine private, als gemeinnützig anerkannte GmbH, die von der Bertelsmann-Stiftung mit jährlich 2 Mio. € finanziert wird. Seinem Selbstverständnis nach handelt es sich um eine (natürlich unabhängige) ‚Denkfabrik' und wird von dem Professor für Betriebswirtschaftslehre (nicht etwa Bildungsökonomie) an der Universität Dortmund, Detlef Müller-Böling, geleitet.[36]

Kurz nach der Gründung des CHE legte die HRK einen Bericht vor, in dem zum ersten Mal ein System privater Eigenbeteiligung vorgestellt wird, das von allen darauffolgenden Bildungskommissionen aufgegriffen wurde und

---

[36] Müller-Böling hat "Die entfesselte Hochschule" (2000) zusammengefasst, welche Reformziele das CHE verfolgt, das den Ruf eines ‚heimlichen Bundesbildungsministeriums' genießt. Die befreite Hochschule skizziert er als autonomes Dienstleistungsunternehmen, das auf nationalen und internationalen Bildungsmärkten im Wettbewerb mit anderen Anbietern profilierte Wissensproduktion betreibt.

heute nahezu einhellig propagiert wird.[37] Bei der Analyse der Finanzierungssituation im Hochschulwesen unterscheidet die HRK den Bereich der institutionellen Förderung (Hochschulbau, personelle und sächliche Ausstattung) von dem der individuellen Förderung (Studienförderung). In beiden Bereichen weist sie umfangreiche Finanzierungsdefizite der öffentlichen Hand nach.

Diese Finanzierungslücke führt die HRK vor allem auf den sog. Öffnungsbeschluss aus dem Jahre 1977 zurück. Die seinerzeit hohe Studierendenzahl galt als eine demographisch bedingte Übergangserscheinung und es wurde davon ausgegangen, dass der ‚Studentenberg' bis 1990 wieder abgetragen sei. Während die Hochschulausgaben daraufhin weitgehend auf dem Stand von 1977 eingefroren wurden, verdoppelte sich demgegenüber bis Anfang der 90er Jahre die Zahl der Studierenden. Im gleichen Zeitraum ist der Anteil der Hochschulausgaben am Bruttosozialprodukt um 22 Prozent gefallen. Die zusätzlichen Lasten tragen vor allem die Hochschulen. Dies wirkt sich insbesondere auf den Hochschulbau aus, der seit 1987 als unterfinanziert gilt. Darunter leidet der notwendige Um- und Ausbau des Hochschulsystems ebenso wie die Ausstattung mit wissenschaftlichem Personal und entsprechenden Sachmitteln.

Daneben verweist die HRK auf die sich zunehmend verschlechternde Situation der individuellen Studienförderung. Der staatliche Anteil an der individuellen Studienfinanzierung sei in den 80er und 90er Jahren stark gesunken während demgegenüber im gleichen Zeitraum der durch Erwerbstätigkeit finanzierte Anteil erheblich anstieg. So sank etwa der Anteil des BAföG an der Studienfinanzierung von 25 Prozent im Jahre 1982 auf 13 Prozent 1994, weshalb die Zahl der BAföG-Empfänger unter den Studierenden weiter rückläufig gewesen ist. Auf der anderen Seite waren 1994 über 60 Prozent der Studierenden erwerbstätig, was sich wiederum entsprechend negativ auf das Studium auswirkte. Dem mit der BAföG-Finanzierung in den 60er Jahren ursprünglich verfolgten Ziel, das Recht auf Bildung aller zu verwirklichen, wird laut HRK nicht mehr entsprochen.

Vor dem Hintergrund knapper Ressourcen, so die HRK, könne sich ein Anreiz- und Steuerungsmechanismus durchsetzen, der, angetrieben durch einen Wettbewerb um zusätzliche Finanztitel, zu einer Leistungssteigerung beiträgt. Den Hochschulen sollen daher zusätzliche Handlungsspielräume eröffnet werden, während der Staat sich auf eine Globalsteuerung beschränkt. Die Einführung einer belastungs- und erfolgsabhängigen Pauschalfinanzierung dient mithin als zentrales Scharnier, um die beiden

---

[37] Hochschulrektorenkonferenz: Zur Finanzierung der Hochschulen, Bonn 1996

Ziele einer leistungsorientierten Aktivierung und der Ausweitung der Hochschulautonomie zu verbinden.

Durch eine leistungsgebundene Fiskalsteuerung sollen sowohl Langzeitstudierende bestraft, Studienfachwechsler zu schnellen Entscheidungen gedrängt und potentielle Studienabbrecher von vornherein von der Hochschule abgehalten werden. Das persönliche Lernverhalten sollte sich den Autoren folgend stärker an einer individuellen Kosten-Nutzen-Rechnung orientieren. Hierbei fällt auf, dass die HRK, anders als die Bildungskommission NRW, allein das Verhalten der Lernenden im Blick hat, während das Verhalten der Lehrenden offenbar keiner Veränderung bedarf.

Ebenso wie die Bildungskommission des Landes NRW geht die HRK von einem grundsätzlichen Finanzierungsvorbehalt der öffentlichen Hand aus. Daher müssten verstärkt Möglichkeiten der privaten Hochschulfinanzierung eröffnet werden. Diskutiert werden zum einen Finanzierungsmodelle über Stiftungen, Hochschulsponsoring und Mäzenatentum. Außerdem sollte es den Hochschulen stärker als bisher möglich sein, durch den Verkauf ihrer Dienstleistungen zusätzliche Mittel einzuwerben. Schließlich sollten sich die Hochschulen dem Kapitalmarkt insgesamt öffnen und privaten Anlegern etwa im Bereich des Hochschulbaus Anlagemöglichkeiten bieten, um auf diese Weise die öffentliche Hand zu entlasten.

Ein eigentümlicher Widerspruch ergibt sich bei der Frage einer Beteiligung der Studierenden an den Kosten des Studiums. Aufgrund der prekären Lage immer größerer Teile der Studierenden lehnt die HRK eine individuelle Beteiligung bei der institutionellen Hochschulfinanzierung in Form von Studiengebühren zunächst ab. Dennoch propagiert die HRK an späterer Stelle ein Modell der individuellen Studienförderung, das von einem Eltern-unabhängigen Sockelbetrag ausgeht, der durch ein Bildungssparmodell ergänzt werden soll. Als Vorbild dient das steuerlich begünstigte Bausparmodell. Demnach sollen Eltern in Zukunft frühzeitig Bildungskonten für ihre Kinder anlegen, mit denen diese später einen Teil ihres Hochschulstudiums finanzieren können. Auf diesem (Um-) Weg wird ein individueller Kostenbeitrag der Studierenden an der institutionellen Hochschulfinanzierung eingefordert. Dabei handelt es sich freilich um ein Gebührenbeitragsmodell, wie es die HRK zuvor aufgrund der negativen Folgen für eine sozial gerechte Bildungsbeteiligung abgelehnt hatte.

Das völlig unvermittelte nebeneinander dieser zwei sich gegenseitig ausschließenden Positionen war damals Ausdruck der politischen Machtverhältnisse innerhalb der Professorenschaft. Während seinerzeit noch die Fraktion der Gegner von Studiengebühren dominierte, hat sich das

Kräfteverhältnis mittlerweile verschoben. Im Juni 2004 befürwortete die HRK erstmals öffentlich die Einführung von Studiengebühren.[38]

Die Bertelsmann-Stiftung

Die Bertelsmann-Stiftung ist die Unternehmensstiftung des Bertelsmann-Konzerns. Das Unternehmen zählt heute zu den fünf weltweit größten Medien-Konzernen. Es wurde 1824 in Gütersloh von Carl Bertelsmann als Druckerei gegründet und produzierte Liederbücher und Predigttexte für die protestantische Erweckungsbewegung. Seit dem kann das Familienunternehmen auf eine lange philanthropische Tradition insbesondere in der Gemeinde Gütersloh zurückblicken, auf die bis heute großen Wert gelegt wird. 1887 übernahm der Schwieger- und Pastorensohn Johannes Mohn das Geschäft. Im Jahre 1977 wurde von dem heutigen Unternehmenspatriarchen Reinhard Mohn die Stiftung gegründet. Das Bewusstsein für eine soziale Verantwortung hat sowohl der Unternehmenspatriarch und langjährige Stiftungsleiter Reinhard Mohn in mehreren Veröffentlichungen wie „Erfolg durch Partnerschaft. Eine Unternehmensstrategie" (1986), „Menschlichkeit gewinnt. Eine Strategie für Fortschritt und Führungsfähigkeit" (2000) und „Die gesellschaftliche Verantwortung des Unternehmers" (2003) zum Ausdruck gebracht wie auch seine Frau Liz Mohn in „Liebe öffnet Herzen" (2001). Im Zuge der Internationalisierungs- und Konzentrationsprozesse der 1980er/90er Jahre konnte das Unternehmen sich weltweit erfolgreich behaupten.[39]

Der letzte erfolgreiche Coup war im Juli 2004 die Fusion der Bertelsmann Music Group (BMG) mit Sony Music. Beide zusammen bilden nun das weltweit zweitgrößte Unternehmen in der Musikbranche. Von 1980 bis heute hat sich die Zahl seiner Mitarbeiter von 45.000 auf 82.000 nahezu verdoppelt, während sich der Gesamtumsatz im selben Zeitraum von 6,5 Mrd. € auf über 20 Mrd. € verdreifachte, wobei 70 Prozent davon im Ausland erwirtschaftet werden.[40] Von dieser Unternehmensentwicklung profitierte auch die Stiftung. So wurden 1993 70 Prozent vom Gesamtkapital des Konzerns auf die Stiftung übertragen. An dieser Konstruktion wird der Doppelcharakter von Stiftungen besonders deutlich. Zum einen soll auf diese Weise die fast zweihundertjährige Familientradition des gesellschaftspolitischen Engagements fortgesetzt werden, auf der anderen Seite soll die mit der Übertragung von 70 % des Unternehmenskapitals (mittlerweile sind es 60%)

---

[38] Frankfurter Rundschau 11.6.2004.

[39] Vgl. Insa Sjurts: Strategien in der Medienbranche, Wiesbaden 2003; Christiane Leidinger: Medien, Herrschaft, Globalisierung. Folgenabschätzung zu Medieninhalten im Zuge transnationaler Konzentrationsprozesse, Münster 2003.

[40] Vgl. Rüdiger Liedtke: Wem gehört die Republik? Die Konzerne und ihre Verflechtungen. Frankfurt/M. 2003.

einhergehende Steuerbefreiung die ‚Unternehmenskontinuität' sichern. Abgesehen davon, dass auf diese Weise gesellschaftliche Herrschaftspositionen tradiert werden, ist davon auszugehen, dass die Steuerersparnisse des Unternehmens die Ausgaben der Stiftungen bei weitem übersteigen. Vor diesem Hintergrund kann es überraschen, wenn die Stiftung sich selbst als „unabhängig" bezeichnet.[41]

Bei der Bertelsmann-Stiftung handelt es sich mittlerweile um die größte operative Unternehmensstiftung in Deutschland.[42] Sie verfügt über einen Jahresetat von 65 Mio. € sowie über 300 Mitarbeiter, die mehr als 100 Projekte betreuen. Dabei orientiert sich die Stiftung explizit an den US-amerikanischen *think tanks*. Ihre Tätigkeitsfelder erstrecken sich über Wirtschaft, Medien, Stiftungswesen, Medizin & Gesundheitswesen, Staat & Verwaltung, öffentliche Bibliotheken, Kultur, Politik und Bildung.

Freie Bildung: Initiativkreis Bildung der Bertelsmann Stiftung

Die Bertelsmann-Stiftung reagierte 1998 auf die sog. „Ruck-Rede" des damaligen Bundespräsidenten Roman Herzog (1997), in der dieser zu einer grundlegenden Reform des bundesdeutschen Bildungssystems aufgerufen hatte, mit der Gründung des Initiativkreis Bildung unter der Schirmherrschaft des Bundespräsidenten1998. Der Initiativkreis traf sich insgesamt sechs Mal zu eintägigen Gesprächen am runden Tisch. ExpertInnen aus Wirtschaft, Wissenschaft, Politik und pädagogischer Praxis sowie Schüler und Studierende diskutierten die Themen Lebenslanges Lernen, Qualität in der Hochschule – Wettbewerb durch neue Hochschulfinanzierung, Qualitätssicherung und Benchmarking, Lernen für die Praxis der Zukunft, Lernen in der Informationsgesellschaft, Innenansichten des Bildungssystems. Der Initiativkreis legte 1999 sein Memorandum „Zukunft gewinnen – Bildung erneuern" vor. Nicht nur der Titel, auch Inhalt und Argumentationsstrang erinnern auf verblüffende Weise an den Bericht der Bildungskommission NRW. Bei allen Gemeinsamkeiten unterscheidet sich der Bericht des Initiativkreises jedoch durch seinen Focus auf die spezifischen Interessen der Wirtschaft.

Zu Beginn umreißen die Autoren das Szenario einer dynamischen Wissensgesellschaft. Ausgehend von den neuen Anforderungen der

---

[41] Bertelsmann-Stiftung (Hg.): Operative Stiftungsarbeit. Strategien – Instrumente – Perspektiven. Gütersloh 1997, S.18.

[42] Von der operativen Stiftung ist die Förderstiftung zu unterscheiden, die andere Personen bzw. deren Projekte finanziell unterstützt, ohne selbst direkt Einfluss auszuüben, vgl. den Überblick in Helmut Anheier: Das Stiftungswesen in Deutschland: Eine Bestandsaufnahme in Zahlen, in: Die Bertelsmann Stiftung (Hg.): Handbuch Stiftungen. Wiesbaden 2003.

Wirtschaft, wo Wissen immer schneller generiert wird, vermittelt der Bericht die Einsicht in die Notwendigkeit, sich ständig neue Kenntnisse anzueignen. Der einmalige Erwerb eines bestimmten Bildungskanons weicht dem Konzept des lebenslangen Lernens. Gefordert wird die frühzeitige und flexible Vermittlung von Bildungsbausteinen. Um die Kenntnisse den schnell wechselnden wirtschaftlichen Anforderungen anpassen zu können, empfiehlt der Initiativkreis, Wissen zukünftig in Form variabler Module zu erwerben. Die alten Bildungsinstitutionen werden diesen Anforderungen nicht gerecht.

Daher sollte die Grundausbildung zugunsten der Weiterbildung verkürzt werden. Die für ein lebenslanges Lernen notwendige Grundkompetenz fußt laut Initiativkreis auf der Beherrschung der traditionellen Kulturtechniken Lesen, Schreiben und Rechnen, die in der Grundschule erworben werden. Danach sollte den Auszubildenden durch vielfältige Praxisbezüge möglichst schnell der Berufsalltag nahe gebracht werden.

Um den neuen Anforderungen gerecht zu werden, fordert auch der Initiativkreis eine stärkere Autonomie der Bildungseinrichtungen. Entsprechend den flexiblen Anforderungen der Arbeitswelt, sollte den durch staatliche Überregulierung gelähmten Bildungseinrichtungen neue Gestaltungsspielräume eröffnet werden. Geht es nach dem Initiativkreis, dann konkurrieren die Hochschulen in Zukunft um das bessere Produkt und damit wiederum um Bildungsnachfrager. Der auf diese Weise initiierte Leistungswettbewerb befördert eine gesteigerte Markttransparenz und damit einhergehende Qualitätsverbesserungen der Bildungsgüter.

Der Initiativkreis empfiehlt neben der Einführung eines Globalbudgets und daran geknüpfter Finanzautonomie die Etablierung eines Modells zur privaten Studienfinanzierung. Schließlich schlägt er ein öffentliches Fördermodell vor, das sich aus zwei Komponenten zusammensetzt: „erstens eine pauschale, befristete Sockelfinanzierung für alle Studierenden, welche die bisher an die Eltern gezahlten Transferleistungen ersetzt; und zweitens ein System zur Förderung des Bildungssparens und von Darlehen mit einkommensabhängiger Rückzahlung, das Aspekte der Bedürftigkeit berücksichtigen muss".[43]

Die Vorschläge zur Bildungsfinanzierung des Initiativkreises Bildung der Bertelsmann-Stiftung stützen sich auf ein Konzept, das von einer Expertenkommission des Stifterverband für die Deutsche Wissenschaft und des Centrum für Hochschulentwicklung entwickelt wurde. Ihre Ergebnisse werden im Folgenden vorgestellt.

---

[43] Initiativkreis Bildung der Bertelsmann-Stiftung: Zukunft gewinnen – Bildung erneuern. Gütersloh 1999, S.51.

Effiziente Bildung: CHE und Stifterverband der Wirtschaft

Der Stifterverband für die Deutsche Wissenschaft[44] und das CHE haben 1999 ein Gesamtkonzept zur Neuordnung der Bildungsfinanzierung im Hochschulbereich vorgelegt. Das Finanzierungsmodell ist in enger Zusammenarbeit mit dem Initiativkreis Bildung der Bertelsmann-Stiftung entstanden. Schon ein Jahr zuvor hatten Stifterverband und CHE (1998) ein Studienbeitragsmodell erarbeitet, welches in das Gesamtkonzept mit einfließt.

Wie schon die Bildungskommissionen begründen auch Stifterverband und CHE die Notwendigkeit eines neuen Modells der Bildungsfinanzierung mit dem Finanzierungsvorbehalt der öffentlichen Hand. Daraus folgt die Einführung eines privatfinanzierten Gebührensystems. Das Ziel ist die Etablierung einer unmittelbaren Anbieter-Nachfrager-Beziehung, von der man sich neue Impulse für die Hochschullehre erwartet. „Angesichts knapper Finanzausstattungen sind die Hochschulen stark auf Drittmittel angewiesen. Dank der Studienbeiträge ist die Einwerbung von Drittmitteln nicht mehr zwingend mit einer Schwerpunktverlagerung zur Forschung verbunden, sondern auch durch Lehraktivitäten möglich. Es zahlt sich finanziell aus, mit guten Lehrleistungen um die Studierenden zu werben. So kann ein Wettbewerb zwischen den Hochschulen um Studierende entstehen, der die Hochschulen veranlasst, auf die Wünsche der Studierenden einzugehen".[45]

Die Beiträge können nach den Vorstellungen von Stifterverband und CHE unterschiedlich bestimmt werden und schwanken zwischen 20–30 Prozent der Ausbildungskosten bzw. 500 bis 1500 € pro Semester. Das Finanzierungsmodell setzt sich im Wesentlichen aus zwei Komponenten zusammen. Zum einen fußt es auf einem Eltern-unabhängigen, privat finanzierten Beitragssystem. Sollten Studierende nicht über ein eigenes Einkommen oder Mittel der Eltern verfügen, können sie sich an Kreditanstalten wenden und erhalten dort ein Studiendarlehen, das nach Beendigung des Studiums einkommensabhängig zurückgezahlt wird. Eine zwischen dem Darlehensnehmer und der Bank geschaltete Studienkreditanstalt übernimmt für den Fall, dass der Kredit nicht zurückgezahlt werden kann, gegenüber der Bank eine Ausfallbürgschaft. Auf diese Weise soll garantiert werden, dass jedem Antragssteller von Seiten der Bank ein Kredit eingeräumt wird.

---

[44] Der Stifterverband wurde 1949 als Förderverein der deutschen Wirtschaft gegründet und umfasst heute 21 Stiftungen. Als eine Art Lobbyorganisation verwaltet er fast das gesamte Stiftungsvermögen der privaten Wirtschaft.

[45] Stifterverband für die Deutsche Wissenschaft/Centrum für Hochschulentwicklung: Modell für einen Beitrag der Studierenden zur Finanzierung der Hochschulen, Essen/Gütersloh 1998, S. 9.

Eine soziale Selektion aufgrund von Abschreckungswirkungen vor hohen Rückzahlungsverpflichtungen, wie sie insbesondere bei Kindern aus einkommensschwachen Familien zu erwarten ist, könnte nach Ansicht von Stifterverband und CHE durch eine gewisse Anzahl von Freiplätzen (10 bis 20% der Studienplätze), für die keine Beiträge zu entrichten sind, vermieden werden. Das über private Kredite finanzierte Beitragsmodell soll schließlich ergänzt werden durch das schon geschilderte Modell des Bildungssparens.

Bis hierher wurde die sukzessive Herausbildung einer Akteurskonstellation skizziert, die sich für eine Bildungsreform einsetzt, welche sich im Kern durch ein bestimmtes Bildungsfinanzierungskonzept auszeichnet. Die Bertelsmann-Stiftung fungiert dabei als treibende Kraft. Dass sie Kooperationspartner wie den der Wirtschaft verbundenen Stifterverband für die Deutsche Wissenschaft gewinnen kann, mag nicht verwundern. Die Stiftung zeichnet sich aber dadurch aus, unterschiedlichste gesellschaftliche Akteure einzubinden. Ein wichtiger Kooperationspartner der Stiftung ist mit der Hans Böckler-Stiftung die Stiftung des Deutschen Gewerkschaftsbundes.

Gerechte/Nachhaltige Bildung: Böll- und Böckler-Stiftung

Als eine Gewerkschaftsinitiative hatte sich im Sommer 1997 der Sachverständigenrat Bildung bei der Hans Böckler-Stiftung konstituiert. Dabei handelte es sich um ein dreizehn Personen umfassendes Expertengremium, das sich zusammensetzt aus Vertretern der Wissenschaft, Wirtschaft, Politik, Verwaltung sowie der Bildungspraxis. Der Vorsitzende des Sachverständigenrats, der ehemalige Vorsitzende der Gewerkschaft Erziehung und Wissenschaft (GEW), Dieter Wunder, war zuvor schon Mitglied des Initiativkreises Bildung der Bertelsmann-Stiftung. Darüber hinaus war auch Carola Stern von der Bertelsmann-Stiftung als ehemaliges Mitglied des Initiativkreises Bildung der Bertelsmann-Stiftung nun Mitglied im Sachverständigenrat. Auch die ehemalige bildungspolitische Sprecherin der Fraktion Bündnis 90/Die Grünen im Berliner Abgeordnetenhaus und spätere Vorsitzende der Bildungskommission der Heinrich Böll-Stiftung, Sybille Volkholz, war Mitglied des Sachverständigenrates.

Im Oktober 1998 legte der Sachverständigenrat ein erstes Diskussionspapier vor.[46] Dabei handelte es sich bezeichnender Weise um den Vorschlag für ein neues System der Bildungsfinanzierung und nicht etwa um eine inhaltliche Neubestimmung von Bildung.[47] In der Arbeitsgruppe nahmen u.a. der

---

[46] Sachverständigenrat Bildung bei der Hans-Böckler-Stiftung, Für ein verändertes System der Bildungsfinanzierung, Düsseldorf 1998.

[47] Er hat mittlerweile eine Reihe weiterer Beiträge zu den Themen Berufsbildung, Schule und frühkindliche Erziehung veröffentlicht.

Hochschulprofessor der Universität Essen, Klaus Klemm, und der Präsident der Universität Hamburg, Jürgen Lüthje, teil, die beide auch maßgeblich bei der Konzipierung des schon vorgestellten gemeinsamen Bildungsfinanzierungsmodells von Stifterverband für die Deutsche Wissenschaft und dem Centrum für Hochschulentwicklung beteiligt waren.

Im bestehenden Bildungs- bzw. Finanzierungssystem verortet der Sachverständigenrat zwei Problemkomplexe. Zum einen verweist er auf die bis heute bestehende soziale Selektivität zuungunsten gesellschaftlich benachteiligter Gruppen. Zweitens vermisst er ein effektives Steuerungssystem, mit dem es möglich ist, Impulse zur Qualitätssteigerung zu geben.

Zunächst gelte es, eine gewisse Markttransparenz zu etablieren. Das Bildungsbudget müsse sich nach den anfallenden Kosten je Teilnehmerin und Teilnehmer („Stückkosten") aufschlüsseln und bis auf die einzelnen Bildungsinstitutionen („Produktionseinheiten") zurückverfolgen lassen. Erst die dadurch erlangte Vergleichbarkeit unterschiedlicher Leistungen ermögliche einen „effektiven" (kostengünstigen) und „effizienten" (ergebnisorientierten) Gebrauch finanzieller Ressourcen.

Den entscheidenden Einfluss zugunsten eines verbesserten Bildungssystems verspricht sich der Sachverständigenrat von einem privaten Beitragsmodell, das sich zusammensetzt aus einem kombinierten System von Bildungskonten, Bildungsgutscheinen, Bildungssparen sowie Bildungsdarlehen auf der einen Seite und einer staatlichen Sockelfinanzierung auf der anderen Seite. Demnach legen zukünftig Eltern für ihre Kinder Bildungskonten an, auf die sie regelmäßig Beiträge einzahlen. Die Heranwachsenden können diese Beiträge später in Bildungsgutscheine umwandeln.

Darüber hinaus ist es möglich, staatlich subventionierte Bildungsdarlehen zu erhalten, die nach Beendigung der Ausbildungsphase zurückgezahlt werden. Dieses Modell soll nach der Pflichtschulzeit mit Abschluss der Sekundarstufe I eingeführt werden. Das würde bedeuten, dass z.B. die bis heute von staatlicher Seite vollfinanzierte institutionelle Förderung der gymnasialen Oberstufe teilweise über private Bildungskonten finanziert würde. Das Prinzip einer staatlichen Sockelfinanzierung, die durch einen privaten Beitrag ergänzt wird, soll auch im tertiären Bereich umgesetzt werden.

Kurz nach der Veröffentlichung der Bildungsfinanzierungsvorschläge des Sachverständigenrats fand sich deren Vorsitzender Dieter Wunder in der Bildungskommission der Heinrich Böll-Stiftung wieder. Dort nahm auch Cornelia Stern von der Bertelsmann-Stiftung teil. Ein Teil des Stammpersonals findet sich schließlich auch in der neuesten gewerkschaftliche Bildungsinitiative, dem Netzwerk Europäische Lernprozesse (NELP) wieder. Offiziell handelt es sich dabei um eine Gemeinschaftsaktion der Grundsatzabteilung des DGB-Bundesvorstandes, der Hans Böckler-Stiftung und des Instituts für Soziologie der Universität Freiburg..[48]

Nachhaltige Bildung – Die Heinrich Böll-Stiftung

Im März 2001 legte die Bildungskommission der Heinrich Böll-Stiftung ihre Vorschläge vor.[49] In dem Bericht werden eingangs die wichtigen Reformimpulse der 60er und 70er Jahre betont. Diese seien nun verebbt, während viele der damals angestoßenen Reformen bis heute nicht umgesetzt wurden. Anders als in den 60er und 70er Jahren könne jedoch eine Bildungsreform nicht mehr durch ein staatlicherseits initiiertes Regelwerk umgesetzt werden. Vielmehr gälte es heute die Eigeninitiative der Akteure in den Bildungseinrichtungen zu wecken.

Die Notwendigkeit eines neuen Bildungssystems, das stärker ausgerichtet ist auf eine individuelle Finanzierung der Bildungsnachfrager, wird von der Kommission mit den spezifischen Anforderungen der Wissens- und Zivilgesellschaft begründet. Die Wissensgesellschaft sei eine lernende Gesellschaft und sie verlange von ihren Mitgliedern durch die fortdauernde Anpassung an sich ständig wandelnde Rahmenbedingungen ein lebenslanges Lernen. Demnach artikulieren Menschen ihre Interessen zunehmend selbständig und außerhalb staatlicher Regelwerke. Der Staat bekomme mehr und mehr die Rolle eines Moderators.

Das Finanzierungssystem solle nach dem Prinzip der Nachhaltigkeit organisiert sein. Dabei stützt die Kommission sich explizit auf das Prinzip „Geld folgt Subjekten", wie es von Stifterverband und CHE entwickelt wurde. Indem zukünftig den lernenden Subjekten öffentliche Mittel zur Verfügung gestellt werden, die vorher den Bildungseinrichtungen direkt zukamen, eröffneten sich individuelle Handlungsoptionen. Der Kundenstatus von Bildungsnachfragern würde gestärkt und ein Wettbewerb der Bildungsinstitutionen um den finanzkräftigen Lernbürger forciert. Um hier zu bestehen, müssten die Bildungseinrichtungen ihr Angebot ständig verbessern. Um das Prinzip der individuellen Förderung mit einer privaten Bildungsfinanzierung zu verknüpfen, empfiehlt die Bildungskommission die Einführung eines auf Bildungskonten basierenden subjektbezogenen Förderinstruments, welches die einzelnen Komponenten des Bildungssparens, Bildungsdarlehen und Bildungsgutscheine umfasst.

Das Prinzip eines über private Sparguthaben co-finanzierten Bildungssystems soll zunächst auf den Bereich nach der Sekundarstufe II begrenzt werden. Allerdings behält sich die Bildungskommission vor, wie schon der

---

[48] Vgl. Netzwerk Europäische Lernprozesse (NELP), Manifest „Bildung für die Arbeits- und Wissensgesellschaft". Hannover 2002.

[49] Heinrich Böll-Stiftung: Bildungsfinanzierung in der Wissensgesellschaft, Berlin 2001.

Sachverständigenrat der Hans Böckler-Stiftung, das System auf das gesamte Bildungssystem auszuweiten.

Die hier vorgestellten, den aktuellen Bildungsdiskurs bestimmenden Vorschläge zur Bildungsfinanzierung stimmen weitgehend überein. Sie wollen die staatlich garantierte individuelle Kostenfreiheit im Bereich der institutionellen Finanzierung zugunsten eines privaten Beitragsmodells aufweichen. Am weitesten geht diesbezüglich der Sachverständigenrat der Hans Böckler-Stiftung. Ihm folgend würde die individuelle Kostenfreiheit ab Sekundarstufe II, wo sie heute noch für die gymnasiale Oberstufe gilt, aufgehoben und durch eine zehnprozentige Eigenbeteiligung ergänzt. Im Hochschulbereich soll die Eigenbeteiligung auf dreißig Prozent gesteigert werden. Schließlich soll das Modell der Eigenbeteiligung in dem Moment auf den Primar- und Sekundarbereich ausgedehnt werden und damit das gesamte Bildungssystem umfassen, wenn auch in diesen Bildungssegmenten Marktbedingungen etabliert sind.

Die Empfehlungen der anderen Kommissionen weichen nur unwesentlich von diesem Konzept ab. Die Vorschläge der Heinrich Böll-Stiftung unterscheiden sich dahingehend, dass sie die private Eigenbeteiligung zunächst nur im Hochschulbereich einführen möchte. Gleichwohl kann auch sie sich eine Ausweitung auf das gesamte Bildungswesen vorstellen. Sowohl der Initiativkreis Bildung der Bertelsmann-Stiftung wie auch der Stifterverband der Deutschen Wissenschaft und das CHE wünschen sich neben der privaten Teilfinanzierung über Bildungskonten im Hochschulbereich zusätzlich die Einführung von Studiengebühren.

Eine Ausnahme stellt die Bildungskommission des Landes Nordrhein-Westfalens dar, bei der eine inhaltliche Diskussion über die zukünftige Bildungsreform im Vordergrund stand, während die neuen Bewirtschaftungskonzepte noch eine untergeordnete Rolle spielten.

Bertelsmann-Bildungs-Networking

Die nationalen Bildungsaktivitäten der Bertelsmann-Stiftung umfassen mittlerweile vielfältige institutionelle Kooperationen und personelle Verflechtungen und sind kaum noch zu überschauen.[50] So gibt es heute auch kein Bundesland mehr, in dem die Bertelsmann-Stiftung bildungspolitisch nicht präsent ist.

---

[50] Zu den internationalen Bildungsaktivitäten der Bertelsmann-Stiftung vgl. Torsten Bultmann/Oliver Schöller, Die Zukunft des Bildungssystems: Lernen auf Abruf – eigenverantwortlich und lebenslänglich! Oder: Die langfristige Entwicklung und politische Implementierung eines postindustriellen Bildungsparadigmas, in: PROKLA Nr.131, 2003, S.331-354.

Hier soll zunächst exemplarisch die jüngste Entwicklung in NRW dargestellt werden, wo das bildungspolitische Engagement der Stiftung seinen Ausgang nahm. Bis zum Jahre 2002 führte die Stiftung zusammen mit dem Schulministerium das Pilotprojekt „Schule & Co." durch, an dem sich 52 Schulen beteiligten. Dabei handelte es sich um die Umsetzung von Vorschlägen der Bildungskommission des Landes NRW. Die Realisierungsphase wird bis 2008 mit dem Projekt „Selbständige Schulen" fortgesetzt, an dem 278 Schulen beteiligt sind. Nach eigenen Aussagen handelt es sich um das größte zusammenhängende Schulentwicklungsprojekt in Deutschland.

Getragen wird das Projekt vom NRW-Bildungsministerium, der Bertelsmann-Stiftung und dem DGB. Leiter des Gesamtprojekts ist freilich, ihrem Selbstverständnis einer operativen Stiftung entsprechend, die Bertelsmann-Stiftung. Ausgangspunkt ist der „Globalhaushalt". Dabei handelt es sich um einen festen Betrag, der an eine Schule gezahlt wird und über den diese dann selbstständig verfügen darf. Von den dadurch geschaffenen vermeintlichen Handlungsspielräumen versprechen sich die Befürworter innovative Impulse für das bürokratisch verkrustete Bildungssystem.

Demgegenüber hat sich mittlerweile eine Entwicklung durchgesetzt, vor der die Bildungskommission des Landes NRW noch ausdrücklich gewarnt hatte. Gerd Nollmann hat gezeigt, wie sich heute Globalhaushalte in allen gesellschaftlichen Institutionen ausbreiten und vor dem Hintergrund knapper Haushaltsmittel als „Transmissionsriemen für die Verschärfung von Einkommensungleichheit" wirken. Ihm zufolge werden mit dem Hinweis auf Sparzwänge feste Budgets eingeführt, an denen sich die Mitarbeiter in Unternehmen und Verwaltungen zu orientieren haben, während diese es den Vorgesetzten ermöglichen, weitere Sparmaßnahmen zu legitimieren. Auf diese Weise verliert die autonome Bildungseinrichtung im Rahmen einer neoliberalen Hegemonie ihren emanzipativen Charme.[51]

Daneben ist die Bertelsmann-Stiftung über das CHE auch im Hochschulbereich aktiv. Die vor einiger Zeit bekannt gewordenen Geheimverhandlungen des CHE mit der TU-München über die Einführung von Studiengebühren (vgl. Bartz 2002) werden fortgesetzt. Die TU dient dem CHE als Beispiel für eine „best practice-Hochschule".[52] Mittlerweile wurde das Konzept der ‚Bildungsbeiträge' - sprich: Studiengebühren - vom Präsidium der TU selbst publik gemacht und massivst beworben. Es wird Wert darauf gelegt, dass diese `Bildungsbeiträge' ein Indikator sind, um vor

---

[51] Gerd Nollmann, Die stille Umverteilung, in: Kölner Zeitschrift für Soziologie und Sozialpsychologie, Heft 3/2003, S.500 f.

[52] Den Einfluss auf die Hochschule als Experimentierfeld hat sich das CHE dadurch gesichert, dass der Präsident der TU-München, Wolfgang Herrmann, in das Beratergremium des CHE aufgenommen wurde.

allem weitere private Mittel (Studiendarlehen, Drittmittel, Industriestipendien etc.) zu akquirieren. Dieses Konzept steht daher ausdrücklich im Kontext des „Umbau(s) der Universität von der unentgeltlichen Bildungsbehörde zur unternehmerischen Solidargemeinschaft".[53]

Mit der Vermarktwirtschaftlichung des Bildungssystems vollzieht sich seine Entdemokratisierung. So ist die Herstellung autonomer Bildungseinrichtungen, die über ihren Haushalt selbst bestimmen, mit der Einrichtung von exklusiven Gremien verbunden, welche die Bildungseinrichtungen repräsentieren sollen. Das Mitspracherecht der Mitarbeiter und der durch sie gewählten Gremien wird dabei zunehmend ausgehebelt. Das wurde besonders augenfällig im Zuge des Ausbaus der TU Darmstadt zur Modellhochschule.[54]

Moderne Piraterie

Die Verschiebungen des bildungspolitischen Diskurses zugunsten betriebswirtschaftlicher Konzepte ist das Ergebnis zivilgesellschaftlicher Aktivitäten stiftungsförmiger *think tanks*. In diesem Stiftungsreigen kommt den Bertelsmännern und –frauen eine besondere Bedeutung zu.

Die Art, wie die Bertelsmann-Stiftung ihre gesellschaftliche Definitionsmacht steigert, indem sie andere Stiftungen als Sprachrohr für die eigenen programmatischen Ziele nutzt, hat eindrucksvoll die Vorsitzende der Bildungskommission der Heinrich-Böll-Stiftung, Sybille Volkholz, demonstriert. Als sie ihr Bildungsfinanzierungskonzept der Öffentlichkeit vorstellte, wurde sie gefragt, warum es nötig war, die von der Hans Böckler-Stiftung und anderen Stiftungen allseits bekannten Konzepte abzuschreiben und noch einmal zu publizieren. Tatsächlich, so Volkholz, sei alles schon einmal gesagt worden, aber eben noch nicht von allen!

Das verdeutlicht, dass bei der Etablierung eines hegemonialen Diskurses, in diesem Fall im Bildungssystem, Übersetzungsleistungen und damit einhergehende Definitionsmacht eine nicht unbedeutende Rolle spielen. Die einzelnen Bildungskommissionen transportieren identische Konzepte in gleichsam unterschiedlichen Dialekten. So argumentieren die Bertelsmann-Stiftung und das Centrum für Hochschulentwicklung, wenn sie von ökonomisch effizienter Bildung sprechen, in einem Jargon der Wirtschaftlichkeit. Die Hans Böckler-Stiftung propagiert dieselben Konzepte, indem sie sich an die Gewerkschaftsmitglieder mit der Rhetorik sozial gerechter Bildung wendet. Schließlich preist die Heinrich Böll-Stiftung die

---

[53] Wolfgang Herrmann, Selber denken, nicht denken lassen, Redemanuskript *Dies Academicus* 5.12.2002, S.5.

[54] Vgl. Carsten Keller/Oliver Schöller, Autoritäre Bildung, in: Uwe Bittlingmayer u.a. (Hg.): Theorie als Kampf? Opladen 2002.

Einführung privater Finanzierungskonzepte an, indem sie ihrem Publikum dies als eine Strategie nachhaltiger Bildung vermittelt.

Im Rahmen der Transformationsprozesse, im Zuge derer sich überkommene, insbesondere staatliche Strukturen und daran geknüpfte Gewissheiten auflösen, sehen wir uns mit einem altbekannten Phänomen konfrontiert – dem Bandenwesen. Immer dann, wenn sich gesellschaftliche Ordnungsstrukturen aufzulösen beginnen, um neuen Platz zu machen, treten private Akteure auf den Plan, die in dem entstehenden Machtvakuum ihre spezifischen Interessen verfolgen. Vor diesem Hintergrund erscheint das Stiftungswesen als eine moderne Form der Piraterie. Früher handelte es sich dabei um die private Seeräuberei und richtete sich nicht selten gegen Schiffe, die unter hoheitlicher Flagge fuhren. Staatliche Intervention wurde von den Piraten als Einschränkung persönlicher Freiheiten wahrgenommen.

Ebenso wie seinerzeit das Bild der Seeräuberei durch eine ausgeprägte Romantisierung verzerrt wurde, indem es ein erfülltes Leben jenseits staatlicher Konventionen zeichnete, verbinden sich heute mit dem Stiftungswesen Hoffnungen auf bessere Verhältnisse, die sich selbstbestimmt und unabhängig von staatlicher Einflussnahme einstellen. Ebenso wie damals sind auch heute die Akteure nicht in Kategorien von schwarz und weiß zu beschreiben. Stattdessen gilt es, die aktuellen Entwicklungsprozesse in ihrer Widersprüchlichkeit zu begreifen. Die zivilgesellschaftlichen Aktivitäten müssen mithin als soziale Kämpfe entziffert werden, die im Moment gesellschaftlicher Neuordnung über die zukünftige Gewichtung politischer und ökonomischer Repräsentanz entscheiden.

3. Bertelsmann global

Martin Bennhold: Medienriesen als interessierte Dienstleister im Bildungsbereich

Nationale und internationale Ebenen einer Unterwerfungspolitik im Hochschulwesen im Gewandt einer „Reform"-politik

Die Bertelsmann AG und ihre Unternehmensstiftung sind wichtige Protagonisten einer neoliberalen Kampagne zur Privatisierung und Kommerzialisierung der Bildung. Im Folgenden wird versucht, dahinter liegende Strategien und Interessen heraus zu arbeiten, von der Propagierung einer Wiedereinführung von Studiengebühren bis zu den GATS-Verhandlungen, von Bertelsmanns *Centrum für Hochschulentwicklung* (CHE) bis zur WTO.

Auf europäischer Ebene droht zudem der „Bolkestein-Hammer" weite Bereiche öffentlicher Daseinsvorsorge zu zerschlagen: die von EU-Kommissar Frits Bolkestein vorgelegte neue EU-Dienstleistungsrichtlinie, die darauf angelegt ist, durch Deregulierung einen Abwärtswettlauf bei Sozialstandards auszulösen, stellt einen zentralen Baustein der „Lissabon-Strategie" der EU dar, die den wettbewerbsfähigsten, „dynamischsten" wissenbasierten Wirtschaftsraum der Welt" schaffen soll.[55] Nötig ist ein genauer Blick auf die Hintergründe mehr denn je, denn der Neoliberalismus hat im Bildungs-, insbesondere im Hochschulwesen, ein weiteres Etappenziel erreicht: Durch das Urteil des Bundesverfassungsgerichts von 2005 ist der Erhebung von Studiengebühren in der Bundesrepublik Tür und Tor geöffnet worden. Damit wird zugleich die Privatisierung des Bildungs- und Hochschulwesens einen gewaltigen Anstoß bekommen und demnächst unser Land in ähnlicher Weise heimsuchen, wie wir es in etlichen Bereichen, gegenwärtig z.B. im Krankenhauswesen, erleben.

Nunmehr können von den Ländern der Bundesrepublik jene Quellen geöffnet werden, aus denen auf Kosten der Studierenden Gelder in wachsendem Umfang den Hochschulen zufließen sollen. Erst dies wird es richtig lukrativ machen, im eigennützigen, eben jenem normalen Anleger-Interesse in Bildung zu investieren und aus dem Studierenden-Interesse an Bildung und Ausbildung Profite zu schlagen. Erst wenn jene Quellen sprudeln, erst wenn der Zufluss regelmäßiger und wachsender finanzieller Mittel gesichert ist, sind jene Investitionen lohnend – ohne sie fehlt ihnen die Attraktivität, die Anlagevermögen nun einmal verlangt. Das hat das CHE längst offen betont und bedauernd festgestellt, dass es die bisherige Gebührenfreiheit ist, die "die

---

[55] Vgl. Fritz, T., Bolkesteins Hammer, Blätter f.dt.u.int. Politik Nr.2 2005, S.143-146, 143.

Eintrittsschwelle für die privaten Anbieter... sehr hoch setzt" (zitiert bei Fritz 2003, 40).

Schon dies weist daraufhin, dass die Einführung von Studiengebühren von zentraler Bedeutung für einen Erfolg der sogenannten Reformpolitik ist; scheitern die Studiengebühren, scheitert die Reform.

Die potentiellen privaten Investoren, interessiert an einer künftigen, kommerzialisierten Bildungslandschaft, rechnen mit desto zuverlässigeren und höheren Gewinnen, je verlässlicher der von den Studierenden aufzubringende Geldstrom fließt: die Studiengebühren. Studiengebühren sind jener letztlich abgepresste Betrag, der, unter dem Vorwand, staatliche Regulierung zu lockern, das Menschenrecht auf freie Bildung einer ökonomischen Regulierung unterwirft. Und jenes Anlegerinteresse wird auch verhindern, dass es bei der Einführung der Studiengebühren bleibt; es wird für eine Dynamisierung, für eine Steigerung ihres Umfangs sorgen, bis in jene schwindelnden Höhen, die wir aus anderen Ländern kennen.

Es geht um gewaltige Summen, die nunmehr dem Kapital überantwortet werden sollen, und keineswegs um Rationalisierung und Verbesserung des Bildungswesens insgesamt. Letzteres wird immer wieder behauptet, und es muss immer wieder behauptet werden, weil die Unwahrheit nur dann zur Wahrheit verdreht werden kann, wenn sie dem mühsamen Prozess einer ständigen Wiederholung unterworfen wird. Oder, wie Bourdieu betont: Die "Arbeit der Einprägung", jene Einprägung des Falschen, ist eben eine Kärrnerarbeit; denn "es braucht Zeit, damit Falsches zu Wahrem wird." Wie bei den sog. "Sozialreformen" können wir auch hier beobachten: ohne das Stiften gewaltiger Verwirrung, ohne ständig wiederholte Lügen ist eine Realisierung der "Reform"-Pläne aussichtslos, wäre also der Raubzug gegenüber den Studierenden nicht durchsetzbar.

Es geht jedoch bei der neoliberalen Kampagne für Privatisierung nicht nur um Gewinne oder um „Umverteilungen", in diesem Sinne um ökonomische Effizienz; es geht auch um Gewinne ideologischer Art, politische Ziele, letztlich um Abbau von Demokratie: Es geht um Verfügung über und um Kontrolle der Bildungseinrichtungen, über die Kontrolle der Bildungsprozesse und der Bildungsinhalte.

Privatisierung –das wird hier immer noch vielfach gehandelt wie ein harmloser, formaler, eben juristischer Vorgang. Und doch handelt es sich dabei um einen fundamentalen Prozess, nämlich um den Prozess der Zerstörung demokratischer Kontrollen, so rudimentär sie mittlerweile auch sein mögen.

Es handelt sich vor allem um Zerstörung von Kontrollen durch öffentliche Gewalt und von erkämpften bürgerlichen und sozialen Rechten, die ja eben Ansprüche beinhalten gegenüber dem Staat und seinen Institutionen. Das Eigentum in unserer Gesellschaft ist eben "frei", das heißt: als privates

Eigentum für den Eigentümer frei verfügbar, also weitgehend der Kontrolle durch Öffentlichkeit, durch Parlamente, ja sogar durch Ministerien entzogen.

Die merkwürdige und unter dem Gesichtspunkt der Demokratie beschämende Besonderheit der Behandlung dieser Frage in Deutschland besteht gerade darin, dass hierzulande mißachtet wird, welche weitreichende Bedeutung die Eigentumsform z.b. für Bildungsprozesse, für die freie Entwicklung von Fähigkeiten hat, aber auch für die sozialen, vor allem die Arbeits-Bedingungen, unter denen in den entsprechenden Institutionen gearbeitet und studiert wird. Das ist etwa in Frankreich anders; dort wird die soziale Auswirkung von Privatisierungsmaßnahmen genau gesehen und in breiten Widerstandsaktionen einer praktischen Kritik unterzogen.

Allerdings darf man sich nicht täuschen lassen: Es sind nicht nur die direkten Privatisierungsmaßnahmen, die zu jenem Prozess des Abbaus demokratischer und sozialer Standards beitragen; auch die vielgerühmte Form der Stiftungsuniversität ist nichts anderes als die vollends entdemokratisierte Form einer Hochschule.

All dies wurde durch die eingangs erwähnte Verfassungsgerichtsentscheidung miteingeleitet. Eingeleitet ist damit eine Beschleunigung und Verschärfung. Dabei muss es jedoch nicht bleiben. Die Entscheidung kann auch Widerstand, Gegenmacht erzeugen. Zumal es sich hier zugleich um prekäre Prozesse handelt, weil das meiste nun von den Studierenden abhängt, von ihrer Bereitschaft, letztlich doch zu zahlen, oder umgekehrt von ihrer Weigerung, sich den Zahlungen zu unterwerfen, die ein Bundesland nach dem andern ihnen aufgebürdet hat und noch aufbürden wird.

I. Widerstand gegen die Kommerzialisierung der Bildung

Seit gut zehn Jahren vorangetrieben, schreitet die neoliberale Kommerzialisierung des Bildungswesens fort, jedoch keineswegs ohne Widerstand zu wecken. Der Protest insbesondere gegen die Kommerzialisierung der Hochschulen reicht von den Studierenden-Streiks, Demonstrationen und anderen Aufklärungsaktionen in Deutschland im Jahr 2003, z.B. in Nordrhein-Westfalen, Berlin[56], Sachsen-Anhalt, bis hinauf zur internationalen Ebene und bis zu den neuesten und wieder kulminierenden Protestbewegungen vom Mai 2006 in Frankfurt, Hamburg, Köln, Siegen, Bochum, Paderborn und insbesondere Bielefeld –auf internationaler Ebene waren es vor allem breite Protestbewegungen, die im Dezember 1999 zum Abbruch des WTO-Gipfels in Seattle (USA) geführt hatten. Bemerkenswert sind dabei nicht die wachsenden Beutezüge der

---

[56] In Berlin wurden die Demonstrationen der Studierenden von führenden Politikern besonders ernst genommen; der CDU-Vorsitzende Eberhard Diepgen zog Parallelen zu den Studentenprotesten 1968 und ihren Folgen (*Tagesspiegel am Sonntag*, 30.11.2003).

Kommerzialisierungskampagne, denn sie werden von mächtigen gesellschaftlichen Kräften getragen; bemerkenswert ist vielmehr der wachsende Widerstand. Denn es handelt sich um eine komplizierte und zudem noch komplizierter gemachte Materie, deren Vielschichtigkeit und netzförmige Verflochtenheit, deren zum Teil auch in den juristischen Formalitäten hohe Komplexität ein ernst zu nehmendes Hindernis für jeden Widerstand darstellt, zumal für einen von Erkenntnis getragenen und zielgerichteten Widerstand.

Am frühesten vorangekommen, seit etwa drei bis vier Jahren, ist die Verbreitung vertiefter Erkenntnisse bezüglich der Regelungen der *Welthandelsorganisation* (WTO), einschließlich des GATS. Diese weichenstellenden Verträge von 1994 sind inzwischen von zahlreichen Hochschul-, ATTAC- und anderen Gruppen, auch von gewerkschaftlichen Kreisen, analysiert und im Hinblick auf ihre fundamentalen Auswirkungen und Perspektiven in die öffentliche Diskussion eingebracht worden. Damit ist zugleich erreicht, dass Hochschulreform-Fragen nicht mehr als nationale Fragen gesehen werden, sondern dass ihr übernationaler Charakter erkannt wird, in dem allerdings auch hochrangige Interessen deutschen Kapitals eine gewichtige Rolle spielen.

Eine andere Hemmung für das, was hier als "Hochschulreform" propagiert wird und durchgesetzt werden soll, kam aus den Reihen des wissenschaftlichen Personals an den Hochschulen selbst, ein mehr oder weniger passiver Widerstand, dessen Effektivität lange überschätzt wurde. Er basierte auf der traditionell starken Stellung des öffentlichen Bildungswesens, insbesondere der Hochschulen, in Deutschland, Österreich, der Schweiz und Frankreich.[57]

Längst sind die entsprechenden Maßnahmen in Ländern der Dritten Welt eingeleitet und – wenn auch gegen zum Teil heftigsten Widerstand – durchgesetzt, so u.a. in Mexiko (nach einjährigem Studentenstreik), Nicaragua, Guatemala und andern Ländern Lateinamerikas. Von den Voraussetzungen, aber auch von den Erfahrungen mit den Folgen könnte die hiesige Debatte erheblich gewinnen.

Mit dem zunehmenden Widerstand ist auch verbunden die inzwischen verbreitete Erkenntnis, dass es sich bei den gegenwärtigen sog. "Reformen" an den Hochschulen um das Gegenteil dessen handelt, was dieser Begriff traditionell beinhaltet. Herkömmlich sind Reformen etwas, das erkämpft ist von denen, die von schwer erträglichen Verhältnissen betroffen sind, also – herrschaftstheoretisch gesprochen - von unten erkämpft ist oder aber zugestanden von oben, um Verweigerung, Unruhe, Aufruhr oder ähnliches zu verhindern. Diese Bedeutung hat jener Begriff heute in vielen Fällen verloren;

---

[57] Vgl. Tobler 2003, 125; vgl. a. die Ländervergleichstabelle in: Lohmann/Rilling 2002, 32.

vielmehr soll er nur noch die Attraktivität, die mit Maßnahmen sozialer Verbesserung verbunden ist, nutzen, nun allerdings nur noch als Schein, um die Ziele solcher "Reformen" leichter durchzusetzen. Heute ist dieser Gebrauch jenes Begriffs zum wahrhaft herrschenden, mit Medienmacht durchgesetzten Gebrauch geworden. Angesichts dessen verzichte ich im folgenden auf An- und Ausführungszeichen, auch wenn ich entschieden Albrecht Müller (2003, 3) folge und "diesen Gebrauch für einen Missbrauch" halte.

Auch bei uns gilt eben, was Pierre Bourdieu (1998, 50) für Frankreich und damit eben für alle vom Neoliberalismus heimgesuchten Ländern festgestellt hat: "alles kommt in einer schönfärberischen Sprache daher, die uns förmlich überschwemmt, die wir aufsaugen, wenn wir die Zeitung aufschlagen, wenn wir Radio hören [...]; man spricht nicht mehr von Stellenabbau, sondern von ‚Verschlankung', in Anlehnung an den Sport (ein kräftiger Körper muss schlank sein)." Er nennt dies mit Recht ein "Spiel mit den Konnotationen und Assoziationen von Wörtern [...], das glauben macht, die neoliberale Botschaft sei eine der allgemeinen Befreiung". Genau dazu gehört, dass heute alles "Reform" heißen muss, und zwar umso entschiedener, je brutaler der Eingriff ist.

Wir haben oben gesehen –und das drückt sich auch in der angeführten Parallele zwischen Deutschland und Frankreich aus–, dass jene Eingriffe, um die es geht, keinen national beschränkten Charakter haben. Wir haben es vielmehr mit einem Prozess und einer Auseinandersetzung auf mehreren Ebenen zu tun: auf nationaler Ebene, auf europäischer Ebene und auf globaler Ebene. Dies wird im vorliegenden Beitrag untersucht. Es wird im folgenden also nach den Akteuren gefragt, die auf den drei Ebenen an der Entwicklung und Durchsetzung der Reformmaßnahmen beteiligt sind. Das ist eine Frage, die sowohl für den Widerstand an den Hochschulen selbst als auch für die Zusammenarbeit mit anderen sozialen Gruppen bedeutsam ist.

II. Bertelsmanns Centrum für Hochschulentwicklung

Das von der Bertelsmann-Stiftung initiierte und getragene *Centrum für Hochschulentwicklung* (CHE) stellt eine Agentur des großen Kapitals zur Durchsetzung seiner Interessen im Bildungssystem dar. Es vermittelt Gegensätzliches, und zwar mit komplizierten Strukturen sowohl im Inneren als auch nach außen, Strukturen, die letztlich dazu dienen, demokratische Kontrollen zu umgehen und abzubauen. Nach außen zeigt sich dies vor allem im Verhältnis des CHE zu den öffentlichen Bildungseinrichtungen wie HRK, Ministerien etc. Das CHE basiert auf der systematischen Vermischung von öffentlichem Bereich und privatem Bereich. Unter dem Gesichtspunkt der Demokratie ist der öffentliche Bereich der der Kontrollen –auch gerade von unten– und der private Bereich der der freien Verfügung über Eigentum, zumal über Kapital –nicht zuletzt der freien Verfügung zugunsten eigener ökonomischer und politischer Interessen.

Je hochpolitischer und je eingreifender gesellschaftliche Maßnahmen sind, und auch: je hochkonzentrierter Kapital ökonomisch und politisch auftritt, desto mehr bedarf dies demokratischer Kontrolle und einer politisch geführten Auseinandersetzung. In parlamentarischen, jenen indirekten Demokratien, erfordert dies mindestens eine Ableitbarkeit der auf staatlicher Ebene gefaßten Beschlüsse aus dem Wählerwillen. Ganz anders bei den nun durchzusetzenden Maßnahmen zur gegenwärtigen Hochschulreform: hier spielt eine bestimmende Rolle ein Medienriese, der Größte in der Bundesrepublik und der weltweit verflochtenste, global ungleich verbreiteter als seine mächtigsten Konkurrenten AOL Time Warner und Vivendi Universal.

Auf Initiative dieses Konzerns und aus seinen Strukturen heraus, insbesondere über die *Bertelsmann Stiftung*, wurde im Mai 1994 das *Centrum für Hochschulentwicklung* gegründet, eine private Einrichtung, die als Instrument zur Steuerung der Hochschulreform dient mit Zielen, die weder altruistisch sind noch gemeinwohldienlich, sondern mit den Interessen des Konzerns selbst und sonstigen hochkonzentrierten Kapitals zu tun haben.[58] In die Gründung einbezogen wurde dabei die *Hochschulrektorenkonferenz* (HRK), also eine Versammlung von Repräsentanten hoheitlicher Bildungseinrichtungen (der Form nach vertreten durch die juristische Person "Stiftung zur Förderung der Hochschulrektorenkonferenz").

Das CHE ist eine private, überdies als gemeinnützig anerkannte GmbH und wird eben getragen von der Bertelsmann Stiftung, so vor allem auch im Hinblick auf das Gesamtbudget von zur Zeit 3,2 Millionen Euro pro Jahr, das im Wesentlichen von der Bertelsmann Stiftung zur Verfügung gestellt wird.[59] In zwei Strukturzusammenhängen ist das CHE zu verorten:

Zum einen ist es angesiedelt auf der untersten Ebene einer konzernzentrierten Hierarchie, an deren Spitze die Bertelsmann AG steht, also der Weltkonzern, und auf deren mittlerer Stufe die Bertelsmann Stiftung agiert, jene ebenfalls "gemeinnützige" und, so das Handelsblatt, "wahrscheinlich größte, auf jeden Fall aber einflussreichste Stiftung Deutschlands"[60], von dieser wiederum getragen das CHE.

Zum anderen hat das CHE von Anbeginn VertreterInnen von Hochschulen sowie Kultus- und Wissenschaftsministerien in die eigenen Aktivitäten mit

---

[58] Vgl. zum Folgenden auch Bennhold 2002 (mit weiteren Literaturhinweisen), sowie zu den raffiniert konstruierten Konzernstrukturen Liedtke 2005, 61-68, insbes. S.62 u. 64.

[59] CHE 2004 (www.che.de/organisation.php) – entnommen Mai 2006.

[60] Vgl. M – Zeitung der IG Medien für die Fachgruppe Journalismus, 3/2000, 19.

einbezogen. Im Gründungsakt waren es Rektoren und Präsidenten von Hochschulen, die zur Mitarbeit gewonnen werden konnten. In der laufenden Arbeit sind es einerseits freie Kooperationen, in die Hochschulangehörige einbezogen werden; und besonders ausgewählte Professoren werden überdies in den *Beirat* berufen. Dieses Gremium ist nicht so sehr ein Aufsichtsorgan, sondern übt im Hinblick auf reformbezogene Ausarbeitungen des CHE wichtige Multiplikatorenfunktionen aus. Er besteht zur Zeit aus zehn Mitgliedern, davon sind sechs Hochschulvertreter und zwei Minister.

Die Kombination dieser beiden Strukturebenen garantiert zweierlei: zum einen "Unabhängigkeit" - man ist, da privatförmlich, frei von allen auch indirekten demokratischen Kontrollen und nur dem (schließlich ebenfalls privaten) Konzernkapital verpflichtet -, aber auch Einfluss, dessen Umfang nicht unabhängig ist von der dahinterstehenden Macht des Kapitals sowie von den Verflechtungen und Verbindungen, die es repräsentiert.

Das CHE ist also eine an eine gewaltige ökonomische Macht angebundene Institution. Es besitzt eine private Rechtsform und übt dennoch substanziell öffentliche Funktionen aus. Dies ist ein Widerspruch, der von grundsätzlicher Bedeutung für demokratische Strukturen und deren Entwicklung ist. Er wirkt sich zu Lasten aller öffentlichen Entscheidungsgewalt aus. Das CHE kann sich weder diesem Widerspruch noch seiner Abhängigkeit von dem hinter ihm stehenden Kapital entziehen.

Dies wird besonders deutlich, wenn man sowohl die Ebene der Stiftung als auch die der Bertelsmann AG des näheren betrachtet.[61] Die Bertelsmann Stiftung, jene einflussreichste Stiftung der Bundesrepublik, kümmert sich nur um gesellschaftlich oder politisch fundamentale Projekte. Diese werden nicht von Wissenschaftlern bei ihr beantragt, sondern aus ihren eigenen Reihen heraus entwickelt – wobei Impulse aus der Bertelsmann AG kaum ignoriert werden dürften. In ihren eigenen Worten arbeitet sie "ausschließlich operativ und nicht fördernd und. .. unterstützt auch keine Projekte Dritter". Sie behandelt politische und gesellschaftliche Grundsatzfragen, innenpolitisch z.B. zu Staat und Verwaltung, zum Bildungswesen, zu Medien und Kultur. Sie scheut sich dabei keineswegs, auch Koalitionen mit gewerkschaftlichen Kreisen zu suchen, so seit 1996 die enge Zusammenarbeit mit der gewerkschaftsnahen Hans-Böckler-Stiftung. Im Gegenteil: sie sucht in ihrer Stiftungsarbeit nicht ohne Erfolg, "unterschiedliche Personen und Institutionen mit zum Teil stark differierenden politischen Ausrichtungen in eine Vielzahl ihrer Projekte einzubinden".[62]

---

[61] Siehe die ausführlichere Darstellung bei Bennhold 2002 und bei Liedtke 2005. – Zu andern Aspekten des Konzernumfelds s. Bundesmann-Jansen, Jörg/Pekruhl, Ulrich 1992.

[62] Vgl. Barth, Thomas und Oliver Schöller, Der Lockruf der Stifter: Bertelsmann und die Privatisierung der Bildungspolitik, Blätter f. dt. u. int. Politik Nr.11 2005, S.1339-1348.

Sie kümmert sich um so grundsätzliche Probleme wie etwa das einer Vermittlung gesellschaftlicher Werte (einschließlich Rolle der Kirchen, der Familie), der Vermittlung "geistiger Orientierung" zwecks Herstellung einer "Sinngemeinschaft" und überhaupt als "Grundlage der Gemeinschaftsfähigkeit" - so auch der Titel eines Buchs von Reinhard Mohn selbst, dem seit Jahren einflussreichsten Vertreter der Familie Mohn und Initiator zur Gründung der Bertelsmann Stiftung.[63]

Die Stiftung kümmert sich jedoch ebenfalls um außenpolitische Grundsatzfragen, hier vor allem aufs Engste zusammenarbeitend mit dem *Centrum für angewandte Politikwissenschaft* (CAP) in München, das wiederum selbst aufs Engste verbunden ist mit dem Auswärtigen Amt und mit dessen Planungsstab in Berlin.[64] - Der Direktor des CAP, Werner Weidenfeld,[65] ist zugleich einer der fünf Vorstandsmitglieder der Bertelsmann Stiftung.

Die Bedeutung dieser Stiftung im Gesamtkomplex Bertelsmann ist nicht zu unterschätzen. Sie hält nicht weniger als 57,6% der Anteile am Kapital des Konzerns, freilich ohne Stimmrecht; das uneingeschränkte Stimmrecht liegt hauptsächlich bei Mitgliedern der Familie Mohn.[66]

Die Bertelsmann AG, also der Weltkonzern, ist global der weitest verbreitete Medienkonzern. Er zählt über 76 000 MitarbeiterInnen, wies 2004 bei 17 Milliarden Euro Umsatz einen Gewinn von über einer Milliarde aus und ist in 51 Staaten der Welt vertreten.[67] Nur ein paar Schlaglichter sollen hier seine ökonomische Macht beleuchten.[68] Auf dem Buchsektor hält der Konzern die Random-House-Gruppe, die größte Buchverlagsgruppe der Welt. Zugleich umfasst Random House in einem Umfang englischsprachige Verlage, dass es heute als das größte englischsprachige Verlagshaus der Welt gilt. Seit 2001 hat dieser Verlag sich mit Montadori zu einem Joint Venture

---

[63] Vgl. Beitrag von Oliver Schöller in diesem Band sowie ders. 2001, S.137, 142.

[64] Als Beispiel für Empfehlungen und Beratungsformen bzgl. einer Balkanpolitik, insbesondere einer Kosovo-Politik Deutschlands, s. Bennhold 2002, 286, und bzgl. einer Nahost-Politik der EU die *Dokumentation* zu den Perspektiven in der Golf-Region, abgedruckt in der Frankfurter Rundschau vom 29.1. 2005, siehe auch die laufenden Mitteilungen von CAP und Bertelsmann Stiftung unter www.cap-lmu.de und www.bertelsmann-stiftung.de, sowie –kritisch dazu– www.german-foreign-policy.com.

[65] Zu W. Weidenfeld s. Tanja Stelzer, Vordenker und graue Eminenz, Politikberater nehmen Einfluss auf die Einflussreichen, in: DIE ZEIT vom 13.5.1999.

[66] Zu den komplizierten Entscheidungsstrukturen s. Liedtke 2003, 80.

[67] Vgl. Hachmeister, Lutz / Rager, Günther, Wer beherrscht die Medien? Die 50 größten Medienkonzerne der Welt, München 2005, S.71.

[68] Ausführlicher s. Bennhold 2002, 286-288. sowie Liedtke 2003.

zusammengeschlossen, zu dem heute zweitgrößten Buchverlagshaus im spanischen Sprachraum.

Öffentlich einflussreich ist der Konzern insbesondere über seine Zeitschriften und Zeitungen. Der in seiner Hand befindliche Verlag Gruner + Jahr ist der größte Zeitschriftenverlag Europas und gibt rund 120 Titel in 14 Ländern der Welt heraus, darunter auch in wachsendem Maße Titel in den USA. – Über Tageszeitungen verfügt der Konzern vor allem in Mittel- und Osteuropa, so in Deutschland, Jugoslawien, Rumänien, Slowakei und Ungarn. Außerhalb des Printmedienbereichs sei nur noch erwähnt die *RTL-Group* mit Sitz in Luxemburg, Europas größte Fernseh-, Radio- und Film-Produktionsfirma mit Beteiligungen an 23 Fernsehsendern und 22 Radiosendern in acht europäischen Ländern; sodann die *Bertelsmann Music-Group,* mit 200 Labels in 41 Ländern der Welt präsent, und schließlich der Mediendienstleister *Arvato.*

III. Konzern- und Medienmacht

Es ist aber nicht nur die quantitative ökonomische Macht, das gewaltige Gewicht des Konzerns, das sich auf die Aktivitäten des CHE auswirkt; es ist auch der spezifische Charakter dieses Konzerns als *Medienunternehmen.* Medienunternehmen sind dadurch gekennzeichnet, dass sie keine herkömmlichen materiellen Produkte auf den Markt bringen; sie produzieren vielmehr "geistige Produkte" oder Impulse zu geistiger Aktivität sowie technische Grundlagen dafür. Sie produzieren also etwas, das Einfluss auf die Köpfe der Menschen nehmen soll. Zugleich aber sind sie Unternehmen, die der Notwendigkeit unterliegen, sich auf dem Markt durchzusetzen, in diesem Sinne: sich zu behaupten. Dies gelingt nur, wenn die geistigen Produkte als Waren behandelt werden, wenn deren Wirken auf dem Warenmarkt dem Unternehmen die Möglichkeit zur Selbstbehauptung verschafft. Medienunternehmen sind also trotz der Spezifik ihrer Produkte darauf angewiesen, diese als Waren auf den Markt zu verstehen. Und dieses Verständnis prägt sämtliche Aktivitäten und Bewusstseinsformen nicht nur des Unternehmens selbst, sondern auch der in ihm an jenem Vermarktungsprozess Beteiligten.

Es liegt also nahe, dass von solchen Betrachtungsebenen aus jedes *Wissen,* jede *Information,* ja, jede *Wissenschaft* nicht einfach in ihrer gesellschaftlichen Nützlichkeit verstanden wird, sondern eben in ihrer marktmäßigen Verwertbarkeit (siehe oben Beitrag von Spoo).

Dies wird nun noch durch zweierlei verstärkt: durch die rapide wachsenden technologischen Kapazitäten, vor allem auf dem Gebiet der "neuen Medien", die neue Bereiche für hohe Gewinne erschlossen haben, sowie durch die fortschreitend raffinierten Einflussformen, die seit sieben Jahrzehnten, seit dem Zweiten Weltkrieg und dem Kalten Krieg, entwickelt worden sind.[69] Beides erhöht den Warenwert der Produkte: je effektiver die Einflussnahme auf die Köpfe, desto "wertvoller" ist die Ware *Wissen,* die Ware *Information,* die Ware *Wissenschaft.* Und dies gilt keineswegs nur im Bereich der Werbung und des Sponsoring, sondern überall, wo Einflussnahme "marktmäßig gefragt wird", also auch im Zusammenhang z.B. einer mediengelenkten Demokratie, und zwar nicht nur als Ausnahme, sondern auch als ständig begleitende Einflussnahme auf der Ebene hoher oder höchster Politik (Müller 1999).

Diese Besonderheiten von Medienunternehmen gelten grenzübergreifend, d.h. wie für Bertelsmann in Deutschland und Europa so für Berlusconi in Italien, für Time Warner und Rupert Murdochs News Corporation im englischsprachigen Raum und für den Konzern des Gustavo Cisneros für den lateinamerikanischen Raum.

Ein solches Medienunternehmen ist es, in dessen Zusammenhang das CHE agiert, und seine Tätigkeiten sind von den Zielen, Strukturen und Denkkategorien des Konzerns überhaupt nicht zu trennen, sondern in jeder Hinsicht von ihnen geprägt. Es ist eine abhängige Institution und ein wichtiges Instrument zur Durchsetzung von Maßnahmen, zum Austesten von Möglichkeiten oder Schwierigkeiten bei jener Durchsetzung, zur Garantie einer Kontinuität in den Versuchen, auf verschiedenem Wege die Reformen zu etablieren, und nicht zuletzt zur Nutzung eines breiten Erfahrungshintergrunds, den der Konzernzusammenhang in seiner Medienspezifik zu liefern in der Lage ist. Insofern ist das CHE eben ein ausgezeichnetes Instrument, um im Bildungswesen Liberalisierung, Privatisierung, Wettbewerbsorientierung durchzusetzen, alles im Dienste eines Marktes, der aus geistigen Produkten profitable Waren macht.

Dabei ist nicht zu unterschätzen, welche Schwierigkeiten in der Erfüllung seiner Aufgaben das CHE zu überwinden hat. Ja, die in ihm angelegte Kontinuität berücksichtigt gerade die Erfahrung, die Bourdieu 1996 formuliert hat: "Es braucht Zeit, damit Falsches zu Wahrem wird." (Bourdieu 1998, 49) Es ist eben nicht einfach, Elite-Universitäten zu fordern und gleichzeitig den breitflächigen Mangel an Akademikern zu beklagen. Es ist nicht einfach, ein "sozial ausgewogenes" Bildungssystem zu propagieren und gleichzeitig für die Einführung von Studiengebühren einzutreten mit allen daraus resultierenden sozialen Selektionsfolgen. Es ist auch nicht einfach, auf der Behauptung zu bestehen, es sei kein Geld für die Bildung da, und gleichzeitig anzupreisen, dass dieser Staat für neue und privat organisierte, also privatem Kapital voll geöffnete Hochschulen Millionenbeträge aufzuwenden in der Lage ist.

---

[69] Vgl. Becker 2003, 18-20; Bussemer 2003.

Aber –hier schließt sich der Kreis jenes marktorientierten Denkens– sobald es gelungen ist, Wissen, Informationen, Wissenschaft, Forschung zur Marktware zu machen, wird diese Ware hoch attraktiv, nämlich so profitabel, dass kein Kapitalvertreter gerne an diesem Angebot, an diesem gewinnversprechenden Kapital vorbeigehen wird. Die Marktorientierung dieses Kapitals entfaltet seine Zwangsgewalt in vielerlei Hinsicht, nicht zuletzt im Hinblick auf Verschärfung der sozialen Selektion unter den Studierenden, die, je höhere Abgaben und Gebühren abverlangt werden, umso brutaleren Selektionen unterworfen sind, auch allerdings im Hinblick auf verschärfte Selektion unter den anderen Hochschulangehörigen. Die Zwangsgewalt des Kapitals entfaltet sich desgleichen in Hinsicht auf den Fächerkanon, der ebenfalls einer Selektion unterworfen werden soll, nämlich durch mächtige womöglich ganz oder teilweise private *Akkreditierungsagenturen*, letztlich nach dem Maßstab der Profitabilität. Dies als Motor all jener Maßnahmen wird noch vielfach unterschätzt.

Hier wird nun verständlich, warum die Hochschulreform keine Frage allein von Medienunternehmen ist. Die Reformen, wie sie von Bertelsmann und dem CHE vorangetrieben werden, haben in Deutschland eine breite Trägerschaft, vor allem innerhalb der großen Industrie und ihrer Zusammenschlüsse in den "Spitzenverbänden der Wirtschaft". Sie werden von ihnen allen unterstützt und propagiert, vom Bundesverband der Deutschen Industrie (BDI), von der Bundesvereinigung der Deutschen Arbeitgeberverbände (BDA), vom Hauptverband des Deutschen Einzelhandels, vom Zentralverband des Deutschen Handwerks, vom Bundesverband des Deutschen Groß- und Außenhandels, vom Bundesverband der Freien Berufe und schließlich vom Deutschen Bauernverband. (DIHT 1997). Sie alle vertreten die Leitlinie: "Die Hochschulen sind. .. zu verpflichten, bei der Vermarktung ihrer Leistungen die Grundsätze des Wettbewerbsrechts zu beachten." (DIHT 1997, 43)

IV. Bertelsmann international: Europa und die Runde der Bosse

Wenn es darum geht, den Charakter von Zumutungen wie den in Gang gesetzten Hochschulreformen zu erfassen, genügt es heute längst nicht mehr, die nationale Ebene von Reforminteressierten und Reformplanern zu betrachten. Die nächste Ebene, die europäische, ist heute von höchstem Interesse, zumal der übernationale Zusammenschluss auf Konzernseite und die personelle Verquickung der Konzerne mit Organen der Europäischen Union viel fortgeschrittener ist als der Zusammenschluss etwa der Gewerkschaften oder von Gruppen, die sich für soziale Belange oder demokratische Strukturen einsetzen.

Angesichts gemeinsamer innereuropäischer und die Rivalen außerhalb Europas ins Auge fassender Interessen ist es kein Wunder, dass auf dieser höheren Ebene mächtige Konzernzusammenschlüsse aktiv werden. Es handelt sich dabei erstens um –sich selbst so bezeichnende– Pressure Groups (deren mehrere Tausende soll es in Brüssel geben); für unser Thema interessant sind die Dienstleistungs-orientierten Gruppen wie die European Services Leaders Group und das weniger hochrangige European Services Forum (ESF), beide mit Sitz in Brüssel. Sie handeln mit services; dies allerdings hat im Englischen eine umfassendere Bedeutung als herkömmlich der deutsche Begriff der Dienstleistung; bei uns gehört zur Dienstleistung mehr die Wasserwirtschaft als die Hochschule. Tatsächlich verstehen beide Zusammenschlüsse den Begriff weit genug, dass er auch die Medien und den gesamten Bereich der Bildung umfasst. Beide entstanden 1999, als der GATS-Prozess der Liberalisierung auf dem Dienstleistungssektor langsamer vorangeschritten war, als es die Dienstleistungsunternehmen seit 1995, seit der WTO-Gründung, erwartet hatten.

Zweitens ist auf europäischer Ebene von größter Bedeutung der hochrangige Konzernzusammenschluss European Round Table of Industrialists (ERT), ebenfalls in Brüssel ansässig. Diese mächtige Koalition ist nicht auf Branchen beschränkt, nicht auf services und erst recht nicht auf Bildungspolitik. Die Bedeutung des ERT, dieser europäischen Runde der Bosse, für unser Thema ist aber so hoch anzusetzen, dass er im Folgenden etwas näher charakterisiert werden soll.

Der ERT ist keine normale Pressure Group im Sinne der Durchsetzung von Partialinteressen im Netz einer auf Konkurrenz beruhenden Ökonomie. Er ist vielmehr darauf angelegt, Konzeptionelles für die europäische Wirtschaft insgesamt zu entwickeln[70]. Er ist auch keine Organisation mit repräsentativem Charakter. Die Wirtschaftsführer, die in ihm versammelt sind, haften gleichsam persönlich für die Durchsetzung der Beschlüsse des ERT, welche wiederum selbst meistens einstimmig zu fassen sind. Diese Beschlussform ist möglich und erfolgreich, weil die Hochrangigkeit der Konzerne, die hinter den ERT-Mitgliedern stehen, eine gewisse Einheitlichkeit der Interessen begründet. Es handelt sich hier, wie Apeldoorn betont, um eine Organisation der "transnationalen Eliten" Europas, oder anders gesagt: um "eine Elitenplattform der europäischen transnationalen kapitalistischen Klasse".[71]

In dieser Eigenschaft tritt der ERT auch als wichtiger Ideologie-Geber und -Verbreiter auf. So spielt auch bei ihm eine zentrale Rolle das "Wettbewerbsprinzip", das wir schon oben kennen gelernt haben, als Grundlage für die Selbstbehauptung auf den Märkten, nunmehr jedoch variiert in zwei Dimensionen: nicht nur in der Dimension eines innereuropäischen Wettbewerbs (er soll die baldige technologische Überlegenheit Europas garantieren, nämlich auf der Grundlage eines

---

[70] Apeldoorn 2000, mit zahlreichen Belegen, insbesondere S. 196-198.

[71] Vgl. Apeldoorn 2000, 193 f.

speziellen europäischen "Mehrwerts"), sondern auch im Sinne der Rivalität mit den USA, bei der es nun allerdings nicht auszuschließen sei, dass "auf den Weltmärkten. .. mit härteren Bandagen agiert werden" soll - so in Übereinstimmung mit den Perspektiven der Europäischen Kommission (Schaper-Rinkel 2003, 134). – Angesichts der Konzernmacht, die hier zum Tragen kommt, ist es übrigens selbstverständlich, dass alle ERT-Mitglieder "aufgrund ihrer Position in den Konzernen einen ungehinderten Zugang zu den Regierungschefs haben"[72].

Zur Geschichte des ERT schließlich nur folgendes: Die Initiativen zu seiner Gründung gingen sowohl von führenden Konzernen als auch von der Kommission aus (Schaper-Rinkel 2003, 128; Apeldoorn 2000, 194). Nach seiner Gründung 1983 war es sein erklärtes Ziel, "die Europäische Industrie neu zu beleben und wieder wettbewerbsfähig zu machen" (Apeldoorn 2000, 194). In diesem Sinn wurde "Industriepolitik" als Europa-intern gepflegte spezifische Wettbewerbspolitik ausgearbeitet und Ende 1991 im Vertrag von Maastricht (Artikel 157) zur kodifizierten Gemeinschaftsmaterie der EG erhoben (Weidenfeld/Turek 1993, 34). Mit ihr verbunden war nunmehr eine verstärkte Koordination für die Bereiche Forschungs- und Technologieentwicklung. Seitdem ist die Wissenschaft und sind die Hochschulen im Visier jener Politik, einer solchen "Industriepolitik". Nachdem "Industriepolitik" darüber hinaus von der Europäischen Kommission zum Hebel einer Rivalitätspolitik gegenüber den USA gemacht worden war, hat dies jenes Interesse an Wissenschaft und Hochschulen und an ihrer "Reform" nur verstärkt.- Im Sinne einer solchen Technologie- und Wissenschaftspolitik trat der ERT auch publizistisch hervor mit Veröffentlichungen zu Education and European Competence, zur Integration of Technology in European Education, zur Learning Society etc. Für den Medienkonzern Bertelsmann war Mark Wössner Mitglied des ERT. Ihn hat 2002 der Vertreter von Vivendi Universal, einem französischen Medienriesen, abgelöst.

Betrachten wir die hier skizzierten Strukturen, so zeigt sich uns ein ähnliches Zusammenspiel von privaten und öffentlichen Institutionen und Gewalten, wie wir es aus dem Umfeld des CHE bereits kennen: eine tiefgehende Vermischung von hoheitlichen Strukturen mit privaten Einrichtungen mit allen daraus resultierenden demokratieabbauenden Folgen - hier freilich noch verschärft durch die Tatsache, dass die Europäische Kommission zwar Teil der organisierten Union ist, also hoheitlichen Charakter hat, dies jedoch ohne jede demokratische Legitimation. Umso leichter fällt der –nicht seltene– Wechsel von Mitgliedern der Kommission zum ERT und umgekehrt. Davon profitieren nicht nur die Mitglieder des ERT, sondern auch die Kommission

---

[72] So ein ERT-Mitglied und ehemaliger Kommissar, zitiert bei Apeldoorn 2000, 197.

als Organ. Sie gewinnt an Einfluss und Kompetenz gegenüber dem Ministerrat.

V. Bertelsmann global: Vom ERT zur WTO

Die Aktivitäten des ERT führen auch auf die globale Ebene. Er war engagiert beteiligt an der Gründung der WTO (World Trade Organization), jener Welthandelsorganisation, die seit 1995 die heutige Weltökonomie in weit höherem Maße bestimmt, als es je in der Geschichte des internationalen Handels ein Handelsabkommen vermocht hat. Die Gründungsdokumente der WTO waren in der sog."Uruguay-Runde" in einem neunjährigen Verhandlungsmaraton (1986 bis 1994) – auf der Grundlage des GATT von 1947 – ausgehandelt worden. Mit der Gründung der *World Trade Organization* und der Verabschiedung insbesondere des GATS (General Agreement on Trade in Services), aber auch des TRIPS *(Trade Related Aspects of Intellectual Property Rights)* und anderer handelsbezogener Verträge hat das GATT einen völlig neuen Charakter bekommen. Die neu geschaffene WTO wurde mit einer Rechtssubjektivität und mit völkerrechtlichen Kompetenzen ausgestattet, die an Ländergrenzen nicht enden sollte, vielmehr mit starken Eingriffsrechten und gerichtlichen Kompetenzen gegenüber den WTO-Mitgliedsstaaten (zur Zeit 145) verbunden ist. Die WTO ist heute ein Instrument, um schrittweise und global eine Form der Liberalisierung durchzusetzen, die sich zu Gunsten großen Kapitals, großer Konzerne, nicht zuletzt auch reicher Länder auswirkt und, umgekehrt, zugleich zu Lasten sozialer, gesundheitspolitischer und ökologischer Standards. Die Verfügung über diese Standards soll insoweit den Länderregierungen entzogen werden.

Innerhalb der WTO ist für den Bildungsbereich besonders wichtig das GATS, das *Übereinkommen zum Handel mit Dienstleistungen*. Zur Gründung der WTO haben sich Interessen der global players sowohl aus Europa als auch aus den USA zusammengetan, und daran war der ERT beteiligt. Die Ausarbeitung des GATS und die Initiative dazu war Sache spezieller ausgerichteter Interessenten: Die europäischen beiden wichtigsten Dienstleisterverbände ESF und ESLG (beide gegründet 1999) haben wir bereits kennengelernt. Auf Seiten der USA war einflussreich die mächtige *Coalition of Services Industries* (CSI). Für einen besonderen Teil der services, für den Bereich der Finanzdienstleistungen, setzte sich vor allem die *Financial Leaders Group* ein, in der hocheinflussreiche Banken und andere Finanzfirmen aus den USA und Europa ihre Macht bündelten. Diese Bündelung war hocheffektiv. Ein ehemaliger WTO-Direktor bekundete dies öffentlich: es hätte "ohne den enormen Druck durch den amerikanischen Finanzdienstleistungssektor, insbesondere durch Firmen wie American Express und CityCorp, kein Dienstleistungsabkommen gegeben". *(weed 2001, 6)*

84

Insgesamt hatten sowohl die USA als auch die EU –einschließlich ihrer Regierungen– ein besonderes Interesse an der im GATS-Prozess organisierten Kommerzialisierung von Dienstleistungen; sie versprachen sich davon weit geöffnete Tore für einen lukrativen Handel mit diesen services. – Seitdem ist es in diesem Zusammenhang üblich geworden, services nach dem englischen Sprachgebrauch zu verstehen. Medial vorbereitet war dies bereits in den Jahren zuvor durch eine merkwürdig und abstrakt erscheinende öffentliche Debatte über den *Dienstleistungs*charakter von universitären Leistungen.

Es waren jene mächtigen Gruppen, die diesen weiten Begriff durchgesetzt haben, der letztlich alle handelbaren Prozesse erfassen soll. Sie waren es, die dem Regime der Prinzipien *Nichtdiskriminierung, Gegenseitigkeit und Liberalisierung* eine entschiedene Stoßrichtung gegen soziale und ökologische Standards sowie gegen entsprechende staatliche Kontrollmechanismen gaben. Sie auch setzten durch, dass Liberalisierung als ein fortschreitender Prozess verstanden wird, der in regelmäßigen Verhandlungsrunden ausgehandelt wird, wo z.B. wasserwirtschaftliche Zugeständnisse durchaus mit Nachgeben auf dem Gebiet des Hochschulwesens (Privatisierung, Studiengebührenhöhe, Franchising) zu verbinden sind. Hierher gehört auch die Verpflichtung, jeweils "einen höheren Stand der Liberalisierung" (Artikel XIX GATS) anzustreben; und hohe Hindernisse sorgen im GATS dafür, dass einmal erreichte Liberalisierungsstufen nicht mehr wirklich zu widerrufen sind (Artikel XXI GATS).

Diese GATS-Regeln haben Aktualität. Die Vorbereitungsprozesse für die gegenwärtige GATS-Runde sind abgeschlossen. Die Staaten haben ihre Marktöffnungs*forderungen* und ihre Marktöffnungs*angebote* eingereicht. Die Runde sollte am 1. Januar 2005 abgeschlossen sein, doch die Angebote vonseiten der Entwicklungsländer hielten sich in engen Grenzen. Nachdem die armen Länder sich schon 2001 in Doha (Katar) und 2003 im mexikanischen Cancun auf der 4. und 5. Ministerkonferenz der WTO gegen die einseitig Kapitalinteressen protegierenden Vorschlägen von EU, USA und anderen Industrieländern verweigerten, war für die laufende 6. Ministerkonferenz in Hong Kong keine Einigung zu erwarten. Die EU will nun die derzeit gültige flexible Verhandlungsmethode durch verpflichtende Forderungen nach Marktöffnung in einer bestimmten Anzahl von Sektoren ersetzen.[73]

Dennoch ist bis heute für die Hochschulen alles offen. Welche Rolle das Hochschulwesen in den Verhandlungen spielt, darüber ist nichts bekannt. Einerseits hat die Bundesregierung auf diesem Gebiet keinerlei

---

[73] Vgl. Frein, Michael, Katzenjammer bei der WTO, Blätter f.dt.u.int. Politik 12/2005, S.1440-1443.

Marktöffnungsangebote gemacht, andererseits gibt es in der laufenden Runde so viel auszuhandeln, dass die Hochschulen vor keinem Tauschhandel, vor keinem Schacher im Zusammenhang mit ganz anderen Gebieten sicher sein kann. Das hoch entwickelte Interesse der USA an Investitionen im europäischen Bildungswesen entfaltet ein großes Gewicht in den Verhandlungen.- Da ist es wohl durchaus nicht günstig für das Bildungswesen, dass die Federführung in den Verhandlungen beim Bundeswirtschaftsministerium liegt.

VI. Schwachstelle: Studiengebühren

Wir haben gesehen: Es sind höchstrangige Interessen, die die Bildungspolitik bestimmen, gerade im Hinblick auf die gegenwärtigen Reformen. Die Interessenten repräsentieren gewaltige ökonomische Macht, und bis in die achtziger Jahre zurück reichen die Bemühungen, die sich heute so intensiv auf die Hochschulpolitik auswirken.

Wir haben die verschiedenen Einfluss- und Bestimmungsebenen kennengelernt: auf nationaler Ebene das CHE im Dienste der Bertelsmann Stiftung, jener Gründung eines hier ansässigen, weltweit agierenden Medienkonzerns; auf europäischer Ebene die Dienstleistungsverbände, übernational tätig, sowie der übermächtige ERT; auf globaler Ebene schließlich die CSI und die *Financial Leaders Group*, bzgl. Europas z.T. rivalisierend, z.T. ihre parallelen Interessen verknüpfend.

Es sind mächtige Verbände, gegen die man antritt, wenn gegen jene "Reformen" Widerstand zu leisten ist. Dennoch ist dies kein aussichtsloser Widerstand. Denn es gibt Widersprüche und Schwachstellen. Zu den letzteren ist die Gebührenfrage zu zählen. Eine Grundvoraussetzung für den Erfolg der Liberalisierung, insbesondere der Öffnung für Investitionen, ist, dass das deutsche Hochschulwesen profitabel wird, also Geld einbringt und genau insofern attraktiv wird. Das CHE und viele andere Interessenten an der Hochschulreform haben es längst erkannt: Diese Profitabilität wird ohne Studiengebühren, ohne dass Gelder vonseiten der Studierenden fließen, nicht zu erreichen sein. Das CHE hat dies für Deutschland auch offen ausgesprochen –und es soll hier wiederholt werden, was bereits zu Beginn dieses Beitrags zitiert wurde: "Die öffentliche Schul- und Hochschulbildung ist darüber hinaus gebührenfrei, was wiederum die Eintrittsschwelle für die privaten Anbieter... sehr hoch setzt." (zitiert bei Fritz 2003, 40)

Bei der Abwehr der Studiengebühren geht es eben keineswegs nur darum, soziale Standards der Studierenden zu halten –das allein wäre zwar wichtig genug. Mindestens ebenso wichtig ist jedoch die Erkenntnis, dass die Studierenden hier an einem keineswegs kurzen Hebel sitzen. Seine Betätigung könnte leicht das ganze zerbrechliche Gebäude der Reformperspektiven zusammenbrechen lassen. Die Studiengebühren sind Dreh- und Angelpunkt der Reform, und damit die Voraussetzung dafür, dass in das deutsche

Hochschulwesen profitabel –und zugleich zerstörerisch– eingegriffen werden kann.

Widersprüche gibt es zunächst zwischen den einflussnehmenden Gruppen und Koalitionen. Das reflektiert Widersprüche in den ökonomischen Umfeldern, in denen sie sich bewegen. Das zu untersuchen, ist immer interessant: Die Gegensätze zwischen ihnen oder die Verflochtenheit ihrer Interessen und die daraus erwachsenden Strategien. Dazu sollte das hier Dargelegte einen vorbereitenden Beitrag leisten.

Es gibt aber auch globale und rechtsförmliche Widersprüche, die ebenfalls genutzt werden können. Im Völkerrecht haben wir es heute mit zwei Legitimationssäulen zu tun: mit dem UN-Völkerrecht, das seit 1945 an Friedenssicherung ausgerichtet ist und Elemente der Demokratie aufgenommen hat (innerhalb der UNO-Struktur vor allem in der Vollversammlung), und mit der WTO, die sich in ihrer Legitimation auf ökonomisch starke Mächte stützt und auf deren Ausrichtung auf "Reformen" im oben genannten Sinn. Auch innerhalb des UN-Völkerrechts werden Reformen verlangt, allerdings im umgekehrten, also im traditionellen Sinn recht verstandener Reformen.

Der *Internationale Pakt über wirtschaftliche, soziale und kulturelle Rechte* von 1966[74] ist längst global, in den meisten Ländern, gültig, in der Bundesrepublik seit 1976. Er legt für den Bildungsbereich folgende Verpflichtung fest:

„Die Vertragsstaaten dieses Paktes – ...in der Erkenntnis, dass nach der Allgemeinen Erklärung der Menschenrechte das Ideal vom freien Menschen, der frei von Furcht und Not lebt, nur verwirklicht werden kann, wenn Verhältnisse geschaffen werden, in denen jeder seine wirtschaftlichen, sozialen und kulturellen Rechte ebenso wie seine bürgerlichen und politischen Rechte genießen kann, ...vereinbaren folgende Artikel: ...

Art. 13. Die Vertragsstaaten erkennen das Recht eines jeden auf Bildung an. ...Die Vertragsstaaten erkennen an, dass im Hinblick auf die volle Verwirklichung dieses Rechts ...der Hochschulunterricht auf jede geeignete Weise, insbesondere durch allmähliche Einführung der Unentgeltlichkeit, jedermann gleichermaßen entsprechend seinen Fähigkeiten zugänglich gemacht werden muss... ."

Leider bilden die ökonomischen Mächte und insbesondere Medienkonzerne wie Bertelsmann ein großes Hindernis für die Umsetzung, ja selbst für die Zur-Kenntnis-Nahme dieser Verpflichtung.

---

[74] Zu dessen Gültigkeit und Verbindlichkeit s. Paech 2003.

Jörn Hagenloch: Neoliberales Nationen-Ranking –Der Bertelsmann Transformation Index

Die neue Weltordnung aus Gütersloh-

(Geo-) politische Ambitionen der Bertelsmann Stiftung

> *Die Politik braucht Unterstützung. Wir dürfen uns deshalb nicht nur als Think Tank, als Denkfabrik, betätigen, sondern müssen auch kampagnenfähig werden und konkrete Lösungsansätze bieten. Damit steigt natürlich der Einfluss.*
>
> Heribert Meffert[75]

Eine andere Welt ist möglich – das denkt man sich auch in der westfälischen Provinz. So hat sich die Bertelsmann Stiftung in den knapp 30 Jahren ihres Bestehens zu einem der einflussreichsten deutschen Reforminstitutionen entwickelt. Mittlerweile nimmt der Gütersloher Reformeifer sogar globale Ausmaße an und hält über viele Kanäle engen Kontakt zu politischen Entscheidern und Institutionen in aller Welt. Mit dem „Bertelsmann Transformation Index" hat sich die Stiftung als ernst zu nehmender geopolitischer Akteur auf der internationalen Politikbühne positioniert. Die Studie propagiert eine neoliberal geprägte „marktwirtschaftlichen Demokratie" als globales Leitbild.

Gegründet wurde die Stiftung von Firmenchef Reinhard Mohn bereits 1977. Der Aufstieg zur nationalen Reforminstanz begann allerdings erst 1991, nachdem sich der Patriarch aus dem Tagesgeschäft der Bertelsmann AG zurückzog und den Vorstandsvorsitz der Stiftung übernahm. Mittlerweile wird der öffentliche Diskurs hierzulande befeuert mit Studien wie „Die Bundesländer im Standortwettbewerb", „Wirtschafts- und Sozialstandort Deutschland", „Agenda moderne Regulierung", „Internationaler Reformmonitor: Sozial-, Arbeitsmarkt- und Tarifpolitik" oder „Internationales Standort-Ranking". Es wird verglichen, bewertet, gemessen und alles mit jedem in ein Wettbewerbs- und Konkurrenzverhältnis gesetzt. Schließlich liegt der Arbeit der Stiftung die fragwürdige Vorstellung zugrunde, dass erfolgreiche demokratische Gesellschaften wie Unternehmen funktionieren. Oder wie es das Leitbild formuliert:

„Unsere Arbeit wird von der Erkenntnis Reinhard Mohns geprägt, dass unternehmerisches Denken und Handeln entscheidend dazu beitragen,

---

[75] Süddeutschen Zeitung, 29. April 2005. Heribert Meffert leitete die Bertelsmann Stiftung von September 2002 bis Dezember 2005.

Problemlösungen für die verschiedenen Bereiche unserer Gesellschaft zu entwickeln und erstarrte Strukturen aufzulösen." [76]

Die finanzielle Grundlage lieferte Firmeninhaber Reinhard Mohn 1993 durch die Überschreibung großer Anteile an der Bertelsmann AG. So besitzt die Stiftung als Mehrheitsaktionär 57,6 Prozent der AG, was einem Wert von – vorsichtig geschätzt – 10 Milliarden Euro entspricht. Im Jahr 2004 standen für die operative Arbeit nach eigenen Angaben 69 Millionen Euro zur Verfügung, vorwiegend aus Dividendenerlösen. Davon wurden die über 300 Mitarbeiterinnen und Mitarbeiter bezahlt, über 60 Projekte parallel vorangetrieben sowie intensive Kontakte in höchste politische Kreise gepflegt. Gemäß dem selbstbewussten Leitsatz: „Unser vorrangiges Ziel als operative Stiftung ist eine möglichst große und nachhaltige gesellschaftliche Wirkung unserer Arbeit." [77] Das Eingangszitat von Heribert Meffert zeigt bereits das autoritäre Demokratieverständnis der Stiftung: als mächtiger Konzern ohne demokratisch verankertes Mandat, aber mit viel politischem Einfluss, maßt man sich die Lösung gesellschaftlicher Probleme an. Kein Wunder, dass Bertelsmann immer nur zu Ergebnissen kommt, die dem Konzern selbst nützen. Was sich hier als Dienst am Allgemeinwohl tarnt, ist in erster Linie Interessenpolitik.

Schon lange nimmt der Bertelsmann-Konzern direkt Einfluss auf EU-Entscheidungen. Er war oder ist in allen wichtigen Lobbygruppen vertreten wie z.B. der UNICE (Union der Industrie- und Arbeitgeberverbände in Europa), dem TABD (Trans-Atlantic Business Dialog) oder dem ERT (European Roundtable of Industrialists). Im Januar 2005 wurde bekannt, dass der einflussreiche EU-Abgeordnete Elmar Brok (CDU) neben seinem Bezügen als Abgeordneter weiterhin ein Gehalt von Bertelsmann bezieht. Desweiteren erstreckt sich die politische Einflussnahme der Stiftung auf die Bundesrepublik, die EU, Osteuropa und den transatlantischen Raum. Im Zuge der geostrategischen Interessenpolitik der Europäischen Union ist die Bertelsmann Stiftung seit einiger Zeit auch bestrebt, sich als globaler Reformakteur Ansehen und Gehör zu verschaffen. Mit einer fast unübersehbaren Flut von wissenschaftlichen und politischen Initiativen, zahllosen Round-Table-Gesprächen, hochkarätigen Tagungen und Kongressen untermauert sie ihren Anspruch, bei der globalen Zukunftsgestaltung an vorderster Stelle mitzuarbeiten. Tatsächlich ist die Reputation national und international gestiegen, stellt der scheidende Vorstandsvorsitzende Heribert Meffert im Rückblick seiner dreijährigen Amtszeit heraus:

---

[76] Aus dem Leitbild der Stiftung vom 26. September 2002, bestätigt durch den Vorstand am 28. Januar 2005.

[77] Aus dem Leitbild der Stiftung.

Durch eine konsequente Vernetzung der inhaltlichen Arbeit, die Aufnahme von Großprojekten, die Einführung von Themenkampagnen und die Intensivierung der Politikberatung konnte die Stiftung deutlich an strategischem Profil gewinnen [...]. Eine Imageanalyse zeige, dass die Bertelsmann Stiftung in der wichtigen Zielgruppe der Führungskräfte in Politik und Wirtschaft den höchsten Bekanntheitsgrad unter den deutschen Stiftungen einnehme und ihre Reformarbeit mit der Gesamtnote "gut" beurteilt werde.[78]

Die Bertelsmann Stiftung ist Teil einer ganzen Armada von Think Tanks, die von Washington über Brüssel bis London, Paris und Berlin operative Politikberatung betreiben. Ziel ihrer Arbeit ist die Entwicklung von praktikablen Strategien zur Befriedung der Welt im Sinne westlicher Interessen.

In diesem Szenario spielt der „Bertelsmann Transformation Index" (BTI) eine wichtige Rolle, der im Herbst 2005 zum zweiten Mal gemeinsam mit dem Centrum für angewandte Politikforschung (CAP) an der Münchner Ludwigs-Maximilians-Universität herausgegeben wurde.

Corporate Democracy (I): das Centrum für angewandte Politikforschung (CAP) als strategischer Brückenkopf

Das CAP dient der Bertelsmann Stiftung als strategischer Planungsstab für die internationale „Politikberatung". Es wurde 1995 mit maßgeblicher finanzieller Unterstützung der Bertelsmann Stiftung an der Münchner Universität eingerichtet. Mit über 80 Mitarbeiterinnen und Mitarbeitern ist es nach eigener Aussage Deutschlands „größtes universitäres Forschungsinstitut zur Politikberatung". Knapp 20 Prozent der Einkünfte stammen aus der Zusammenarbeit mit der Bertelsmann Stiftung.[79] Das klingt bescheiden, tatsächlich sind die Verbindungen zu Bertelsmann allerdings so intensiv, so dass kaum gesagt werden kann, wo der universitäre Bereich aufhört und die Arbeit für das Unternehmen anfängt. Der Leiter des CAP, Werner Weidenfeld, ist seit 2000 zugleich Mitglied des fünfköpfigen Vorstands der Bertelsmann Stiftung und hatte bis vor kurzem auch einen Sitz im Kuratorium der Stiftung.[80] Vor sechs Jahren wurde zudem innerhalb des CAP die

---

[78] Pressemitteilung der Bertelsmann Stiftung vom 14.12.2005.

[79] Manager Magazin 8/2005, S.18.

[80] Als verbeamteter Professor ist er das einzige ehrenamtliche Mitglied des Stiftungsvorstands, doch zeichnet er sich offensichtlich durch eine phantasievolle Abrechnungspraxis aus. Für das Jahr 2004 hat er - neben seinen universitären Verpflichtungen - der Bertelsmann Stiftung insgesamt 175 Arbeitstage in Rechnung gestellt zuzüglich umfangreicher Spesen. Quelle: Manager Magazin 8/2005, S.18 f.

„Bertelsmann Forschungsgruppe Politik" ins Leben gerufen. Geleitet wird sie vom stellvertretenden CAP-Direktor Josef Janning, der bei der Bertelsmann Stiftung zugleich für das Themenfeld „Internationale Verständigung" verantwortlich ist. Die fließenden Übergänge erlauben ein Höchstmaß an politischer Arbeit im Sinne der Stiftungsinteressen, wobei die Reputation des universitären Status für den Anschein wissenschaftlicher Neutralität und Reputation sorgt. Auch die Universität zeigt sich von dieser Vermischung unbeeindruckt und hat dem CAP ein „repräsentatives Gebäude mit moderner Infrastruktur zur Verfügung gestellt", wie die Homepage des Instituts zufrieden erwähnt.

Gründungsdirektor Werner Weidenfeld war zuvor lange Jahre Berater von Helmut Kohl und gilt als graue Eminenz der deutschen Politikszene. 1998 wurde er von seinen Politologie-Kollegen gar zum „einflussreichsten Politikberater" seiner Zunft gewählt. Mit ihm hat sich die Bertelsmann Stiftung einen Mann ins Boot geholt, der über ein weitverzweigtes persönliches Netzwerk innerhalb der internationalen Eliten in Politik und Wirtschaft verfügt. Wie gut die Kontakte sind, zeigen die vielen Zusammenkünfte auf hoher und höchster Ebene. Nur drei Beispiele: Bei einem Aufenthalt im November 2005 in New York kam er unter anderem mit dem ehemaligen amerikanischen Außenminister Henry Kissinger und dem Planungschef des State Department Stephen Krasner zusammen[81]. Kurz davor besuchte der neue US-Botschafter in der Bundesrepublik, Willian R. Timken, das CAP, um „aktuelle deutsch-amerikanische und euro-atlantische Themen und Problemstellungen zu erörtern"[82]. Auch die NATO ist seit Jahren an guten Kontakten interessiert. Im Mai 2005 trafen sich deren Generalsekretär Jaap de Hoop Scheffer, Henry Kissinger, Werner Weidenfeld und sein Stellvertreter Josef Janning. Die Homepage des CAP vermerkt dazu: „Der Gedankenaustausch befasste sich mit Zukunftsfragen der transatlantischen Beziehungen. Dabei lag ein besonderer Akzent auf dem Umgang mit künftigen Weltmächten wie China und Indien."[83]

Corporate Democracy (II): das Bertelsmann-Netzwerk

Die Einbindung von Werner Weidenfeld in die höchsten Bertelsmann Kreise hat sich für die internationale Reputation der Stiftung ausgezahlt. Dafür arbeitet Weidenfeld auch schier unermüdlich: Als ehrenamtlicher Vorstand hat er der Stiftung allein für das Jahr 2004 insgesamt 175 Arbeitstage in

---

[81] www.cap-lmu.de/aktuell/meldungen/2005/new-york.php.

[82] www.cap-lmu.de/aktuell/events/2005/timken.php.

[83] www.cap-lmu.de/aktuell/galerie/2005/bruessel_02.php.

Rechnung gestellt[84]. Rätselhaft bleibt hingegen, wie sich das Engagement mit seinen universitären Verpflichtungen als Lehrstuhlinhaber vereinbaren lässt. Aus gutem Grund dürfen Professoren nur in begrenztem Maße Nebentätigkeiten ausüben. Auf Nachfrage des Manager Magazins ließ die Universität denn auch verlauten, dass Nebentätigkeiten in diesem Umfang nicht genehmigungsfähig seien. Es ist fraglich, ob Weidenfeld hieraus Konsequenzen erwachsen, schließlich sind Universitäten zunehmend von Drittmitteln á la Bertelsmann abhängig. Der „privatisierte" Professor wird sich wohl weiterhin für seinen Neben-Arbeitgeber ins Zeug legen. Im Zentrum steht das „networking" und es werden beträchtliche Summen in gemeinsam von Bertelsmann und CAP veranstaltete Konferenzen und Kongresse investiert. In der Selbstdarstellung des CAP klingt das so:

Auch bei der Konzeption hochkarätiger Veranstaltungen verfügt das C·A·P über langjährige Erfahrungen. Es bereitet in enger Kooperation mit der Bertelsmann Stiftung das International Bertelsmann Forum vor, bei dem Staatschefs, Regierungsmitglieder, Wirtschaftslenker und Meinungsführer aus Europa, Amerika und Asien regelmäßig über die innere Gestaltung und die äußeren Beziehungen Europas diskutieren. Die Kronberger Gespräche zum Nahen Osten liefern seit vielen Jahren einen Beitrag zur Vertiefung der Beziehungen zwischen Europa, dem Nahen Osten und den USA. Die SommerAkademie Europa bindet Führungsnachwuchs in die europäische Strategiedebatte ein. Die Konferenzreihe FAZIT formuliert im Jahresturnus Herausforderungen der Politik Deutschlands in Europa. Bei den Roundtables des Projekts Improving Responsiveness tauschen sich Experten aus Europa und den USA über gemeinsame politische Anliegen intensiv aus. Gemeinsam mit der Allianz Kulturstiftung realisiert das C·A·P ein Jahrestreffen mit jungen akademischen Eliten.[85]

Die politischen Eliten werden regelmäßig zum Gedankenaustausch geladen, wie etwa 2003 anlässlich der „Europa-Strategiekonferenz", die ganz stilvoll im Deutschen Historischen Museum in Berlin abgehalten wurde. Beim „Europapolitischen Dialog" der Bertelsmann Stiftung im gleichen Jahr waren unter anderem der damalige Bundeskanzler Schröder und Oppositionsführerin Angela Merkel zu Gast. Die Wege ins Innerste der Macht sind für Bertelsmann ohnehin kurz. Seit 1999 arbeiteten CAP und Auswärtiges Amt an einer Strategie für die weitere Entwicklung des Balkans. Im Jahr 2001 wurde gemeinsam das „Balkan Forum" aus der Taufe gehoben, in dessen Rahmen bereits drei Mal hochrangige Delegationen der betroffenen Staaten in den Räumen des Außenministeriums empfangen wurden, um mit ihnen „strukturelle und strategische Fragen der europäischen Balkanpolitik" zu

---

[84] Manager Magazin 8/2005, S. 18f.

[85] CAP Profil, München 2004, S.11 [download unter:
www.cap.lmu.de/download/cap/cap_profil.pdf]

erörtern. Der ehemalige Außenminister Fischer war häufiger Gast von Bertelsmann und zeigte sich empfänglich für die politischen Initiativen der Stiftung. So wurde 2004 eine gemeinsame internationale Konferenz mit hochrangigen UN-Vertretern zum Thema "Post-Conflict-Management" veranstaltet.

Ein besonders intensiver Kontakt zu politisch einflussreichen Kreisen schafft das jährlich stattfindende „Bertelsmann International Forum", in dem sich die Mächtigen dieser Welt ein Stelldichein geben. Im Januar 2004 nahmen an dieser „Konferenz im vertraulichen Rahmen" über 60 Gäste aus 29 Ländern teil. Eröffnet wurde die zweitägige Konferenz von Bundeskanzler Schröder, Außenminister Fischer und dem amtierenden EU-Ratspräsidenten. Und auch sonst konnte sich die Teilnehmerliste wieder einmal sehen lassen:

Ihre Mitwirkung an der Konferenz [...]haben unter anderem zugesagt: der türkische Ministerpräsident Recep Tayyip Erdogan, der montenegrinische Ministerpräsident Milo Djukanovic, der rumänische Ministerpräsident Adrian Nastase, die lettische Präsidentin Vaira Vike-Freiberga, der kroatische Ministerpräsident Ivo Sanader, EU-Kommissionsmitglied Günter Verheugen, Bundesverteidigungsminister Peter Struck, der Präsident der Europäischen Zentralbank Jean-Claude Trichet, die spanische Außenministerin Ana Palacia Vallerlundi, der slowenische Präsident Janez Drnovsek, der finnische Parlamentspräsident Paavo Lipponen, die polnische Europaministerin Danuta Hübner, der Vorsitzende der russischen Partei Yabloko Grigorij Jawlinskij, der ehemalige US-Außenminister Henry Kissinger sowie der stellvertretende Vorsitzende der CDU/CSU-Fraktion Wolfgang Schäuble.[86]

Der kroatische Ministerpräsident nutzte auf der Konferenz die Gelegenheit und lud Werner Weidenfeld sowie Liz Mohn im Mai „zu einem ausführlichen Informationsaustausch" über den „Bertelsmann Transformation Index" (BTI) nach Zagreb. Fünf Monate später kam Ivo Sanader zum Gegenbesuch nach Gütersloh. Der tiefere Grund des intensiven Austauschs auf dem kleinen Dienstweg: Kroatien möchte möglichst schon 2007 gemeinsam mit Bulgarien und Rumänien in die EU aufgenommen werden und findet in der Bertelsmann Stiftung einen einflussreichen Fürsprecher[87]. Umgekehrt konnte die Bertelsmann Tochter RTL eine begehrte kroatische Sendelizenz des staatlichen Rundfunkausschusses für ein landesweites Programm erwerben. Enge politische Kontakte sind in diesem Bewerberverfahren von Vorteil, unter anderem wurde Rupert Murdochs „News Corporation" ausgestochen. Seit

---

[86] aus der Pressemeldung der Bertelsmann Stiftung vom 05.01.2004

[87] Die kroatischen Anstrengungen auf vielen Ebenen haben sich ausgezahlt: im Oktober 2005 hat die EU offizielle Beitrittsverhandlungen aufgenommen.

Mai 2004 sendet die kroatische Bertelsmann Tochter RTL Televizija und wurde vom Start weg Marktführer[88].

Corporate Democracy (III): Elite von morgen

Die Bertelsmann Stiftung denkt und handelt langfristig. Sie plant schon heute die Entwicklung der Sozialstaats im Jahr 2030[89] und bindet konsequent junge aufstrebende „High Potentials" in diesen Strategieprozess ein. Schließlich werden sie 2030 an den Schalthebeln der Macht sitzen[90].

Eines der großen ehrgeizigen Projekte der Bertelsmann Stiftung nennt sich „Den Wandel gestalten"[91] und sucht nach den besten strategischen Verfahren, mit denen weltweit das System der marktwirtschaftlichen Demokratie installiert werden kann (das nächste Kapitel behandelt diesen Punkt ausführlich). „Transformation" ist dabei das Zauberwort und folgerichtig wurde das entsprechende Nachwuchs-Programm „Transformation Thinker" getauft. Ziel ist der Aufbau von persönlichen Beziehungen zu jungen Nachwuchskräften aus aller Welt. Ihnen wird das Rüstzeug für den neoliberalen Gesellschaftsumbau vermittelt:

Das einwöchige Programm Transformation Thinkers richtet sich daher gezielt an den Führungsnachwuchs aus Entwicklungs- und Transformationsländern aller Weltregionen. In den Veranstaltungen sollen Problemlösungsansätze und strategisches Denken an die jungen Entscheidungsträger vermittelt werden. Sie basieren auf der Annahme, dass Menschen der entscheidende Faktor für die erfolgreiche Gestaltung des Wandels sind. Das Programm wird unter der Beteiligung von erfahrenen Transformationspraktikern und renommierten Wissenschaftlern durchgeführt.[92]

Wer in den Augen der Stiftung als „erfahrene Transformationspraktiker" gilt, zeigt ein Blick in die Referentenliste des Treffens im Oktober 2005: gleich vier von ihnen sind aktive oder ehemalige Mitarbeiter der Weltbank. Das

---

[88] www.media.nrw.de/kurznachrichten/artikel.php?id=2000

[89] Das Projekt „Soziale Marktwirtschaft heute" hat zum Ziel, „ein tragfähiges Zukunftsbild für den deutschen Sozialstaat im Jahr 2030 zu erarbeiten." www.bertelsmann-stiftung.de/cps/rde/xchg/SID-0A000F0A-76AC86BB/bst/hs.xsl/prj_8729.htm

[90] Dafür wurde im Sommer 2004 gemeinsam mit der Heinz-Nixdorf-Stiftung und der Ludwig-Erhard-Stiftung ein Szenario-Workshop mit „jungen Politiker[n] und Entscheidungs-Vorbereiter[n] aller Parteien" veranstaltet. www.bertelsmann-stiftung.de/cps/rde/xbcr/SID-0A000F0A-76AC86BB/bst/xcms_bst_dms_12975_12976_2.pdf.

[91] www.bertelsmann-transformation-index.de/46.0.html.

[92] www.bertelsmann-transformation-index.de/22.0.html.

Projekt wird in Zusammenarbeit mit der Deutschen Gesellschaft für Technische Zusammenarbeit (GTZ) veranstaltet. Sie ist als Bundesunternehmen im Auftrag der staatlichen deutschen Entwicklungshilfe in über 130 Ländern tätig. Entwicklungspolitik bedeutet heute mehr denn ja ein direktes Eingreifen in die gesellschaftlichen, politischen und wirtschaftlichen Prozesse der abhängigen Staaten. So ist die Kooperation zwischen Bertelsmann Stiftung und GTZ an diesem Punkt nur folgerichtig. Sogar die Selbstdarstellung der GTZ auf der Homepage scheint direkt aus dem Hause Bertelsmann zu stammen: „Die Deutsche Gesellschaft für Technische Zusammenarbeit (GTZ) GmbH unterstützt komplexe Reformen und Veränderungsprozesse in Entwicklungs- und Transformationsländern."[93] Vor diesem Hintergrund hat auch die staatliche Entwicklungshilfe ein vitales Interesse an tragfähigen Beziehungen zum globalen Führungsnachwuchs.

Zusätzlich zur Einbindung hoffnungsvoller Nachwuchskräfte in die Gestaltung des neoliberalen Wandels, wurde ein Netzwerk von sympathisierenden Reformakteuren installiert. Es trifft sich jedes Jahr zum Erfahrungsaustausch, wie die Homepage berichtet:

Das Projekt unterstützt den Erfahrungsaustausch von Politikern und Wissenschaftlern, Praktikern der Außenunterstützung von Transformationsprozessen und Vertretern der Zivilgesellschaft durch ein internationales Netzwerk. Einmal jährlich treffen Teilnehmer des Netzwerks zu einer Transformationskonferenz zusammen, um Herausforderungen, Ergebnisse und Perspektiven der gemeinsamen Arbeit zu diskutieren.[94]

Corporate Democracy (IV): Weltpolitik mit dem BTI

Die globalisierte Welt verändert sich und die Bertelsmann Stiftung kennt die Richtung: alle Staaten sollen sich auf das Ziel der „marktwirtschaftlichen Demokratie" zu bewegen. Der „Bertelsmann Transformation Index" (BTI) analysiert in diesem Sinne alle zwei Jahre die Reformbereitschaft von 119 Entwicklungs- und Schwellenländern. Er wird vom CAP im Auftrag der Bertelsmann Stiftung erstellt, überprüft den Veränderungswillen der Staatslenker und gibt Ratschläge für die zukünftige Politik. Das ambitionierte Projekt wurde im November 2005 zum zweiten Mal der Öffentlichkeit präsentiert. Im Gegensatz zur ersten Ausgabe aus dem Jahr 2003 belässt man es nicht mehr bei Länder-Ranking und umfangreichen Einzelanalysen. Diesmal werden ganz offensiv strategische Empfehlungen ausgesprochen, um den Reformprozessen auf die Sprünge zu helfen. Unter „Reform" versteht die

---

[93] www.gtz.de/de/unternehmen/689.htm.

[94] www.bertelsmann-transformation-index.de/23.0.html.

über 264-seitige Studie dabei den Übergang aller Länder zur marktwirtschaftlichen Demokratie:

Das Projekt orientiert sich am Leitbild einer marktwirtschaftlichen Demokratie. Die Bertelsmann Stiftung ist der Überzeugung, dass sich im Wettbewerb der Ordnungssysteme die repräsentative Demokratie und die sozial verankerte Marktwirtschaft als Organisationsformen des gesellschaftlichen Zusammenlebens bewährt haben.[95]

Verständlich wird dieser Kraftakt vor dem Hintergrund, dass die Welt 15 Jahre nach dem Zusammenbruch des Kommunismus als konkurrierendem System jetzt einen umfassenden „friedlichen Wandel zu Demokratie und Marktwirtschaft" durchlaufen soll. Es geht um die Errichtung eines homogenen globalen Systems und das Projekt wird bei Bertelsmann mit erheblichem finanziellem und personellem Aufwand betrieben. Nach eigenen Angaben waren 250 ExpertInnen und WissenschaftlerInnen an der Erstellung der Studien beteiligt. Allein das federführende „BTI-Board" umfasst neben vielen CAP- und Bertelsmann Mitarbeiterinnen und Mitarbeitern immerhin einige teilweise renommierte Politik-, Wirtschafts- und Sozialwissenschaftler. Beispielsweise den Duisburger Politologen Franz Nuscheler oder den Bonner Direktor des Instituts für Entwicklungspolitik, Dirk Messner. Auch der Geschäftsführer der Deutschen Gesellschaft für Technische Zusammenarbeit (GTZ) ist mit von der Partie.

Der BTI dient als Instrument, um neue weltwirtschaftliche und geopolitische Strukturen zu fordern und den politischen Eliten Strategien zur Umsetzung zu vermitteln. Stolz berichtet der Leiter der Studie und CAP-Direktor Werner Weidenfeld im Vorwort vom positiven Echo auf den ersten Bericht:

Wir sind in diesem Vorhaben von vielen Seiten bestärkt worden, von der deutschen Bundesregierung, von Organisationen wie den Vereinten Nationen oder der Weltbank, aber auch durch individuelle Zuschriften weltweit. An zahlreichen Universitäten wird der BTI in Seminaren behandelt, in einigen Regierungsbüros ist der BTI Referenzlektüre, in vielen Redaktionsräumen greifen Journalisten unsere Informationen auf.[96]

Für den Leiter des CAP geht ein Traum in Erfüllung: Die globale Reformgemeinde arbeitet mit Informationen der Bertelsmann Stiftung, ganz im Sinne von deren interventionistischem Anspruch. Das methodisch Neue am BTI ist die Verbindung von wirtschaftlichen und politischen Indikatoren. Die Studie geht von einem Idealbild gesellschaftlicher und ökonomischer

---

[95] www.bertelsmann-transformation-index.de/5.0.html.

[96] Broschüre zum Bertelsmann Transformation Index S.3.

Stabilität aus – auf der Grundlage der „marktwirtschaftlichen Demokratie". Weidenfeld schwärmt in seinem Vorwort von den Veränderungen der letzten Jahre und legitimiert damit sein Leitbild: „Die Transformationsprozesse in Osteuropa verweisen auf die vitale Strahlkraft des Leitbilds einer marktwirtschaftlichen Demokratie."

Tatsächlich ist die soziale Situation in den besagten Ländern vielfach von Armut, Korruption und Ausbeutung geprägt. Westliche Konzerne haben Infrastruktur und Schlüsselindustrien handstreichartig übernommen. Gerade Bertelsmann ist bei der nahezu vollständigen Übernahme der osteuropäischen Medien durch westliche Konzerne an vorderster Stelle aktiv.[97] Statt propagandistischer Verklärungen stehen eher handfeste Interessen hinter der „marktwirtschaftlichen Demokratie". Soll der Rubel weltweit hemmungslos rollen, benötigt der Kapitalismus sichere Rahmenbedingungen: Rechtssicherheit, Gewährleistung des staatlichen Gewaltmonopols, stabile gesellschaftliche Verhältnisse und sämtliche neoliberale Deregulierungen: Begrenzung der Staatsaufgaben auf wenige Kernbereiche, Privatisierung von staatlichen Unternehmen und sozialen Sicherungssystemen, Wegfall von Unternehmenssteuern und Zöllen. Schurkenstaaten sind schnell identifiziert: „Ein harter Kern von Transformationsverweigerern – von Nordkorea über zahlreiche arabische Staaten bis Simbabwe oder Kuba – hat bislang jeglicher Liberalisierungsdynamik widerstanden."[98] Doch nicht alle Staatenlenker zeigen sich so beratungsresistent und so macht es sich der BTI zur Aufgabe, die Willigen zu identifizieren und ihnen unwiderstehliche Reformvorschläge zu unterbreiten:

Basierend auf den Fachurteilen von über 250 Experten wird die Steuerungsleistung der politischen Entscheidungsträger analysiert und bewertet. Auf diese Weise legt der BTI ein Ranking zu Good Governance vor, das eine gezielte Ausrichtung von Außenunterstützung und Entwicklungspolitik nahelegt und erleichtert. Um umfassenden Wandel zu fördern, so die durch den BTI vielfach belegte These, müssen weitsichtige Reformer belohnt und eigenverantwortliches Handeln gestärkt werden. Anreizsysteme, die gute Regierungsführung unterstützen, tragen dazu bei, dass Entwicklungsprozesse und Demokratisierung einen nachhaltigen Charakter entfalten.[99]

Der Blick des BTI gilt immer den Eliten in Staat und Gesellschaft. Ihnen wird die Aufgabe zugeschrieben, die gesellschaftliche Entwicklung zu steuern. Demokratie ist im Verständnis der Bertelsmann Stiftung und ihres Gründers Reinhard Mohn nichts als ein Regulierungssystem. In dieser Vorstellung wird

---

[97] Jörn Hagenloch: Blühende Rendite-Landschaften. In: Freitag 02/2006.

[98] Ebenda.

[99] Broschüre zum Bertelsmann Transformation Index S.3.

die Gesellschaft zur Maschine, an der nur die richtigen Stellschrauben justiert werden müssen. Das verschleiert die reale Machtverteilung innerhalb marktwirtschaftlicher demokratischer Systeme, die überhaupt erst die massive Einflussnahme wie die der Bertelsmann Stiftung ermöglichen: nicht jeder hat Zugang zu den Stellschrauben.

Auf die selbst gestellte Frage, „wie sich die Außenunterstützung des Systemwandels optimieren" lässt, gibt das Projekt klare Antworten. Der BTI verlangt unmissverständlich: „Regierungen und maßgebliche Akteure müssen [...] mit externen Unterstützern produktiv zusammenarbeiten." Die Informationen haben durchaus ernstzunehmende Konsequenzen für die bewerteten Länder. Wie das konkret umgesetzt werden soll, weiß die Bertelsmann Stiftung auch ganz genau:

Gestützt auf die Systematik und die Erkenntnisse des BTI werden für ausgewählte Länder oder Regionen Kernaufgaben und politische Prioritäten definiert sowie Lösungsansätze und Strategien formuliert, die im Strategiedialog mit einzelnen Staaten erarbeitet und umgesetzt werden sollen. Die Länderexpertisen enthalten Wegweiser für eine Transformationspolitik. [...]

„Task Forces", bestehend aus Wissenschaftlern, Praktikern und politischen Akteuren, entwickeln hierfür strategische Empfehlungen zur Bewältigung struktureller Herausforderungen. Sie definieren mittelfristige Ziele für eine Transformationspolitik im Kontext der gegebenen Rahmenbedingungen. Anschließend werden die Konstellationen, Risiken und Ressourcen ausgewertet und schrittweise Schwerpunkte und Prioritäten einer konsistenten Transformationspolitik erarbeitet. Die Ergebnisse werden in den politischen Prozess eingespeist und in der Folgezeit entsprechend weiterentwickelt. Neben der Erarbeitung von Strategieempfehlungen steht die Beratung von relevanten Transformationsakteuren sowie Außenunterstützungs-Organisationen zu den ausgewählten Prozessen im Mittelpunkt. [100]

Die Einflussnahme von dritter Seite ist für Entwicklungs- und Transformationsländer keine Neuigkeit. Aufgrund ihrer schwachen Stellung sind sie z. B. in finanziellen, wirtschaftlichen und entwicklungspolitischen Fragen auf „Partner" angewiesen. Sie haben keine Wahl und befinden sie sich in einem permanenten Gesprächsprozess mit den unterschiedlichsten privatwirtschaftlichen, staatlichen und institutionellen Akteuren. In diesem erzwungenen „Dialog" werden beispielsweise „Strukturanpassungsmaßnahmen" diktiert, die für die abhängigen Länder meist katastrophale Folgen haben und eher einer Plünderung gleichkommen: Privatisierung staatlicher Betriebe, Verschlechterung des Gesundheitswesens, Zerstörung der heimischen Industrieproduktion, etc..

---

[100] www.bertelsmann-transformation-index.de/21.0.html.

Was „Außenunterstützung" heißen kann, musste **Argentinien** im Jahr 2001 sehr schmerzhaft erfahren, als ein Staatsbankrott das Land über Nacht in Elend und Chaos stürzte. Ursache der Tragödie war nicht zuletzt die „Außenunterstützung" durch die neoliberalen Rezepte des Internationalen Währungsfonds (IWF), doch davon liest man im BTI keine Silbe. Vielmehr wurde schon im ersten Bericht 2003 mit Sätzen wie „Die Zeiten der „Bequemlichkeit des fremden Geldes" sind endgültig vorüber" suggeriert, dass die Probleme hausgemacht seien. Der damalige Rat von Bertelsmann:

„Soll das Land nicht ein „Schwellenland auf Dauer" bleiben oder gar in die Vierte Welt abrutschen, bedarf es reformbereiter Eliten."

Es sollte wieder einmal eine neoliberale Reform richten, wo doch gerade die spektakuläre Reformbereitschaft der 80er und 90er Jahre, in der fast alle Staatsbetriebe und sozialen Sicherungssysteme privatisiert wurden, direkt in die Katastrophe geführt hatte. Auch im aktuellen Länderbericht wird die Rolle des IWF bei den früheren Reformen konsequent ausgeblendet.

Mit dem BTI greift die Bertelsmann Stiftung in innere Staatsangelegenheiten ein, ohne dass sie ein politisches Mandat dazu berechtigen würde. Was da genau passiert, wenn hinter verschlossenen Türen die selbsternannten Experten mit Regierungsvertretern verhandeln, bleibt oft unklar und schafft genau eines jener gravierenden Probleme, die eigentlich abgebaut werden sollen: das Demokratiedefizit.

Willkommen im Club: Aufstieg Bertelsmanns zum globalen Akteur

Rankings sind keine Neuheit, es besteht längst ein internationaler Analystenmarkt, die neben der Bewertung von Unternehmen auch sonst Ranglisten aller Art veröffentlichen. Die neoliberalen Reforminstitutionen benötigen schließlich Unmengen von Daten und Zahlen, deren scheinbare Objektivität Strukturreformen durchsetzbar machen sollen. Für Bertelsmann ist der BTI eine große Chance, um seinen Stellenwert innerhalb der Riege der globalen Strukturreformer zu steigern und in die Weltliga aufzusteigen. Diese Rechnung scheint auch aufzugehen. Durch den BTI konnten weitere hochrangige Fürsprecher und Partnerorganisationen gewonnen werden. Mittlerweile zeigen höchste Stellen ihr Interesse: Schon bei der Vorstellung des ersten BTI 2001 in den USA drückte Weltbank-Vizepräsident Shigeo Katsu seine Zufriedenheit mit dem Werk aus. Ein Vertreter der UNDP („United Nations Development Programme", das Entwicklungsprogramm der Vereinten Nationen) begrüßte den BTI, weil Bertelsmann als privater, „zivilgesellschaftlicher" Akteur die Politik einzelner Länder ohne diplomatische Vorsicht analysieren kann – und somit den Druck auf „Reformgegner" erhöht[101].

Zahlreiche amerikanische Initiativen wurden auf die Bertelsmann Stiftung aufmerksam und boten eine Zusammenarbeit an, unter anderem das National Endowment for Democracy (NED). Stolz heißt es in einer Pressemitteilung der Stiftung:

„Das National Endowment for Democracy bot dem Transformationsprojekt die Mitgliedschaft in ihrem internationalen Netzwerk von 52 Think Tanks an, die sich mit Demokratieforschung und Politikberatung in Transformationsländern beschäftigen." [102]

Das NED wurde 1983 gegründet und gibt sich nach außen als private Initiative zur Beförderung der Demokratie weltweit. Doch die selbsternannte Nichtregierungsorganisation wird zu 95 Prozent vom amerikanischen Staat finanziert und hat klare strategische Aufgaben, wie einer ihrer Gründer 1991 offen aussprach: „Vieles von dem, was wir heute machen, wurde vor 25 Jahren von der CIA insgeheim erledigt."[103] Statt direkt kriegerisch zu intervenieren oder riskante Geheimdienstoperationen durchzuführen werden oppositionelle Gruppen und Kräfte finanziell und strategisch unterstützt.

Ziel ist es, die Destabilisierung unliebsamer Regierungen vorangetrieben, aktuell beispielsweise in Venezuela. Nach eigener Aussage vom zuständigen Leiter der NED für Lateinamerika und die Karibik, Chris Sabatini, hat die Organisation im Jahr 2003 Chávez-Gegner mit über 900.000 U.S. Dollar unterstützt.[104] Angesichts der großen Aufgaben auf dem Gebiet der verdeckten Intervention hat Präsident Bush den Etat von NED auf 80 Millionen Dollar verdoppelt. Hier zeigt sich am deutlichsten, in welcher Gesellschaft die Bertelsmann Stiftung inzwischen angekommen ist.

---

[101] Pressemitteilung der Bertelsmann Stiftung vom 08.10.2004.

[102] Ebenda.

[103] Knut Mellenthin: National Endowment for Democracy – NED: die Fortsetzung der CIA mit anderen Mitteln. In: junge Welt, 28.07.2005.

[104] Quelle: www.zmag.de/artikel.php?id=1131.

Ausblick

Thomas Barth: Controlling statt Demokratie?

Die in diesem Band versammelten Texte begannen ihre Medienkritik mit Eckart Spoos Warnungen vor Gefahren ökonomischer Macht im Medienbereich, insbesondere vor medialer Manipulation im Dienste der Kapitalinteressen. Diese Kritikfigur ist in der Medienwissenschaft selten geworden. Man sieht die Reflexion dieses Problems vielfach als eine „Mode der Alt-68er" (selbst dann, wenn man sich dieser Generation eigentlich zurechnen lassen müsste) und blendet die gesellschaftliche Dimension der Medien gern aus. Man macht sich vielleicht lieber die Perspektive der Verwertungsinteressen zu eigen und schielt auf Drittmittel von der Medienindustrie.

Medienkritik im System der Illusionen

Gern verweist der kritikmüde Medienwissenschaftler dabei auf den Nestor der konservativen Systemtheorie, Niklas Luhmann, der jeglichen „Manipulationsverdacht" gegenüber den Massenmedien schon aus angeblich philosophischen Gründen für unmöglich erklärt; Massenmedien erzeugten eben eine „transzendentale Illusion", seine Systemtheorie optiere jedoch für einen „operativen Konstruktivismus", und wenn jede Realität ohnehin konstruiert sei, könne nicht eine Konstruktion der anderen vorwerfen, sie verzerre die Realität mehr als die andere.[105] Diese einseitig verflachte Sicht des Konstruktivismus wurde von mir an anderer Stelle kritisch gewendet und mit dem Nachweis verknüpft, dass selbst die auf Affirmation des Status quo getrimmte Systemtheorie Luhmanns, wird sie nur konsequent zuende gedacht, die Machtausübung im Mediensystem nicht leugnen kann; sie kann sogar zu einer Analyse der uns drohenden neuen Kontrollmechanismen genutzt werden, setzt man sie mit der entpersonalisierten Machtanalyse Michel Foucaults in Bezug: Wo Luhmann sich bemüht, Macht als systemisch-naturhaften Bestandteil der Kommunikation unsichtbar zu machen, fördert Foucault die Machtknoten im Netzwerk der Diskurse wieder ans Licht –und verweist auf Widerstandspotentiale.[106] Eine abstrakte Analyse von

---

[105] Vgl. Luhmann, N., Die Realität der Massenmedien, Opladen 1996, S.14 ff; vgl. auch satirisch dazu Prokop, D., Die Unzufriedenheit mit den Medien, Hamburg 2002, S.70 ff., 194 ff.

[106] Vgl. Barth, T., Soziale Kontrolle in der Informationsgesellschaft, Pfaffenweiler 1997, S.92ff.

Machtstrukturen schließt keineswegs (wie Luhmann Glauben machen will) die konkrete Frage nach Personen und Machtgruppen aus, durch die entsprechende Mechanismen wirksam werden.

Auch konkrete Medienkritik durch Abgleich mit der Realität, die ja konstruiert sein mag, deshalb aber noch lange nicht beliebig wird, ist nicht nur erlaubt –sie ist dringend geboten. Zuweilen wird sie vom Mainstream-Mediensystem sogar honoriert. Nachweislich dann, wenn die Manipulation durch verzerrte, unterdrückte und gefälschte Nachrichten als Ausgeburt des „linksökologisch-multikulturellen, politisch korrekten Meinungsterrors" hingestellt wird.[107] Burkhard Müller-Ullrich wurde nach entsprechenden Enthüllungen und nachdem er auch noch das Bekenntnis zum Zyniker, der an nichts glaubt, aber wenigstens auch nichts propagiert (ebd.11), ablegte, beim Deutschlandfunk zum Kultur-Redaktionsleiter ernannt. Viele seiner mit großem Eifer und eben solcher Berechtigung gegeißelten linksökologisch-multikulturellen Medienenten wären aber, das legt unser Bertelsmann-Bändchen nahe, besser nicht allzu platt personifizierend den Gesinnungen der „Gesinnungstäter" angelastet worden. Sicher tragen diese ihre Schuld etwa für die unkritische Übernahme von antiserbischer Propaganda zur medialen Unterfütterung des Kosovo-Kriegs,[108] aber auch die Gesinnungstäter stecken in medienökonomischen Machtstrukturen, sehr oft jenen von Bertelsmann-Medien. Und diese haben ihre eigenen Motive, welche durchaus auch auf die Umformung, Abschwächung, Neudefinition von Gesinnungen aus dem „linksökologisch-multikulturellen" Spektrum abzielen mögen.

Die Bertelsmann AG deckt nun einmal mit ihren Medien das linksliberale Spektrum ab, wobei linksliberal sich –nicht zuletzt unter dem ideologischen Druck der Bertelsmann Stiftung– unmerklich immer mehr zu neoliberal gewandelt hat. Wenn dabei nebenher durch Schaffung entsprechender medialer und ökonomischer Bedingungen die journalistische Sorgfalt unterminiert wird und bei somit anfallenden Unsauberkeiten das „linksökologisch-multikulturelle" Denken an Image einbüßt –ob das der Konzernführung von Bertelsmann Kopfschmerzen bereitet? Oder könnte es ein heimliches Nebenmotiv sein? Mit Sicherheit aber zielen die Motive der Gütersloher auf eine Kommerzialisierung des Bildungswesens ab. Dort ist viel Geld zu holen, was auch amerikanische Anleger wissen; deren Geld braucht Reinhard Mohn womöglich bald, wenn in seiner AG die Auszahlung

---

[107] Müller-Ullrich, Burkhard, Medienmärchen: Gesinnungstäter im Journalismus, München 1998, S.236.

[108] Für den Kosovo- bzw. Jugoslawien-Krieg bestätigt Noam Chomsky (2002, S.91ff.) Müller-Ullrich (op.cit. S.160-183), dessen politisch halbblinde Medienkritik freilich vergisst, dass die ungeprüfte Verbreitung antiserbischer Greuelpropaganda keineswegs nur von „linksökologischer" Seite erfolgte, sondern auch z.B. von Springer-Medien und vom Deutschlandfunk.

von 25,1 Prozent seiner Aktien, des Anteils der Group Bruxelles Lambert, ansteht. Muss darum die Einführung von Studiengebühren an deutschen Universitäten so hektisch voran getrieben werden?

Nach jahrelanger, selbstverständlich auch in Bertelsmann-Medien totgeschwiegener institutioneller Wühlarbeit von Konzern-Stiftung, CHE etc. wird nun in denselben Medien lautstark für Studiengebühren getrommelt. Nicht ohne Häme verkündet der „UniSpiegel" stolz: „Der Kampf gegen die Studiengebühren scheint verloren. Viel zu schnell haben die Landesregierungen gehandelt. Und viel zu langsam die Protestler."[109] Der Autor des Artikels „Studieren auf Pump" scheint eher als ein Finanz- als ein Bildungsexperte zu sein, denn der Text (Untertitel: „Während die Pläne zur Einführung von Studiengebühren immer konkreter werden, bringen Kreditinstitute ihre Finanzierungsmodelle auf den Markt. Was taugen die Angebote?") liest sich seitenweise eher wie eine Werbebroschüre der Deutschen Bank, die da selbst mittendrin eine ganzseitige Anzeige plazierte („Sie studieren –wir finanzieren: StudentKredit für nur anfänglich effekt. 5,9% p.a."). Ein paar der „Protestler" kommen natürlich auch zu Wort, soviel kritischer Anstrich muss sein, ihre Initiativen werden aber verächtlich als schon verloren abgetan. Der „Spiegel"-Finanzexperte referiert lieber Kreditangebote und sorgt sich ohnehin mehr um die Lage der Finanzinstitute: „Für Banken ist das Geschäft mit den Kreditanfängern risikoreich, weil Studenten kaum Erfahrung im Geldgeschäft haben..." (S.15) Nichts ist bekanntlich riskanter für einen ausgebufften Banker, als wenn er einem Grünschnabel ohne Erfahrung im Geldgeschäft einen Kreditvertrag andrehen kann. Kurzum: die Studenten werden bei „UniSpiegel" nicht nur verraten und-, sondern auch für dumm verkauft.

Der mediale Grabenkampf im Kleinen korrespondiert mit den großen Interessen beim Umbau der Gesellschaften im Sinne eines technokratischen Neokonservatismus, der reaktionäre Sozial- und Wirtschaftspolitik mit Mitteln modernster Medien- und Überwachungstechnik durchsetzen will. Gerade der neoliberale Ansturm auf staatliche Bildungssysteme steht im Kontext einer Entmachtung der Staaten und ihrer demokratischen Regulierungsprozesse. Ihre angebliche Deregulierung, in Wahrheit ihre Ersetzung durch ökonomische Regulierung, soll die Macht den demokratisch gewählten Instanzen entziehen und sie in die Hände der Führer von privaten Konzernen bringen. Demokratische Entscheidungsfindung und offene Diskussion wird ersetzt durch Steuerungsverfahren aus der neueren Betriebswirtschaftslehre. Überzuckert wird alles mit dynamischen Anglizismen aus dem Marketing-Babbel, dahinter aber stecken oft Ideen aus dem BWL-Fach Controlling. Früher sprach man prosaischer vom Rechnungswesen/Interne Revision, meinte aber dasselbe: die

[109] Christ, S., Studieren auf Pump, UniSpiegel 2/2006, S.8-15.

innerbetriebliche Steuerung und Kontrolle von Produktionsprozessen. Die erfolgt mittels Nutzwertanalyse, Erfolgsrechnung, Budgetierung, Profit Center, Kennzahlen für alles und jeden etc. An Warnungen vor den zerstörerischen Folgen für eben nicht betriebswirtschaftlich funktionierende Bereiche, allen voran des Bildungs- und Wissenschaftssystems, hat es nicht gefehlt.[110]

Von Foucaults Disziplinar- zur medialen Kontrollgesellschaft

Vor dem Hintergrund der Gesellschaftskritik von Foucault und Deleuze lässt sich die Ausweitung derartiger Controlling-Prozesse als Teil des Übergangs von einer Disziplinar- zur Kontrollgesellschaft interpretieren. Deleuze sah in den Disziplinargesellschaften zwei Symbole für das Individuum: die Unterschrift, die seine Identität anzeigt, und die Nummer, die seine Position innerhalb einer Masse angibt. In der Kontrollgesellschaft ist die Zahl dagegen ein Passwort, welches entweder den Zugang zur Information oder deren Verweigerung markiert. Wir haben es, so Deleuze, also nicht mehr mit dem Wechselspiel von Masse und Individuum zu tun. Die Individuen seien zu *Dividuen* geworden und die Massen zu Daten. Der disziplinierte Mensch der von Foucault analysierten Disziplinargesellschaften „...war ein diskontinuierlicher Energieproduzent, der kontrollierte Mensch ist ein Mensch der Wellenbewegung".[111]

Die wie Kolben eines Verbrennungsmotors im Gleichschritt stampfenden Massen sind passee; die Kontrollgesellschaft lässt uns scheinbar mehr Freiheit, mehr Individualität: es genügt, wenn sich die von den Medien gesteuerten Begierden im statistischen Mittel der Konsumzyklen bewegen. Die Individualität ist jedoch eine andere als zuvor, denn jene Disziplin löst sich auf, die zuvor die Bewegungen der Individuen wie ein Netzwerk der Macht durchzog.[112] „Einem Menschen, der sein Leben gegen eine Macht setzt, kann man keine Vorschriften machen",[113] so versucht die Macht hinter Systemzwängen zu verschwinden. Und auch die Grenzen des Sichtbaren und Sagbaren vom Individuum[114] verschieben sich und erbringen neue Kontrollmöglichkeiten –ein Prozess den der hellsichtige Medienphilosoph Günther Anders als Medieninvasion in die Privatsphäre beklagte und dessen

---

[110] Vgl. Thürmer-Rohr, Christina, Neugier und Askese: Vom Siechtum des dialogischen Prinzips an der Dienstleistungs-Universität, in: Greven, T. u. Oliver Jarasch, Für eine lebendige Wissenschaft des Politischen, Frankfurt, 1999, S.61-74, S.63ff.

[111] Deleuze, G., Das elektronische Halsband: Innenansichten der kontrollierten Gesellschaft, in: Kriminologisches Journal, 24.Jg., Nr.3/1992, S.181-186, S.184.

[112] Vgl. Deleuze, G., Foucault, Frankfurt 1992, S.64.

[113] Foucault, M., Analytik der Macht, Frankfurt 2005, S.178.

[114] Vgl. Ott, Michaela, Gilles Deleuze zur Einführung, Hamburg 2005, S.121.

Wirkung auf das Subjekt er ähnlich dem eben zitierten *Dividuum* beschrieb: „Das Individuum wird zum Divisum".[115] Gemeint war die Verteilung des Subjekts über mehrere, teils nur in medialer Form gegenwärtige Orte. Das in seiner Aufmerksamkeit, seinen Werten, seinen Lebensplänen weniger festgelegte, sozusagen „vibrierende" Dividuum lässt sich mit modernen Mitteln leichter steuern: PR, Werbung, Marketing-Controlling.[116]

Die Übertragung dieser Verwertungs- und Kontroll-Logik der Betriebswirtschaftslehre auf alle gesellschaftlichen Bereiche ist zentraler Missionsauftrag des Bertelsmann-Konzerns und seiner Stiftung. Die billige Stigmatisierung der hier referierten Forschungsergebnisse als „Verschwörungstheorie" wird Vertretern einer affirmativen Medienwissenschaft daher nicht leicht fallen: zu konkret sind die angesammelten Belege, zu dicht die Erklärungen der politischen und ökonomischen Motive. Ein Denkverbot, wie es die polemische Behauptung Luhmanns etablieren wollte, die Suche nach Verantwortlichen für mediale Manipulationen, nach dem „geheimen Drahtzieher im Hintergrund" sei „Schauerromanen des 18.Jahrhunderts" entsprungen,[117] erweist sich somit als lachhaft. Fragen nach der Verantwortung von Machteliten stammen nicht aus einem Schauerroman, obgleich die Antworten –Luhmanns Metapher lässt dies unfreiwillig durchblicken– auch für eben diese „Eliten" schaurig ausfallen könnten.

Die von Luhmann listig betriebene Stigmatisierung jedweder Medien- oder Gesellschaftskritik als „Verschwörungstheorie" ist eine Strategie, die von Machthabern gern auf jedwedes Misstrauen gegenüber Hintergründen ihres Herrschaftshandelns ausgedehnt wird. Diese Strategie könnte sich jedoch bald als Bumerang erweisen: Hans-Jürgen Krysmanski sieht „ein Gefühl hintergründiger Beeinflussung" bereits als kleinsten gemeinsamen Nenner der heutigen Weltfilmkultur.[118] Konspiration weckt Interesse, und neue Medienöffentlichkeiten wachsen im Internet heran, die schwerer unter Kontrolle gehalten werden können. Eine zu große Fixierung auf die ökonomischen gegenüber den kulturellen Prozessen ließ manche Beobachter schon in pessimistische Sichtweisen der neuen Netzmedien verfallen[119] – Ansätze etwa der Netzallmende waren jedoch nicht abgestorben, sondern

---

[115] Anders, Günther, Die Antiquiertheit des Menschen Bd.1: Über die Seele im Zeitalter der zweiten industriellen Revolution, München 1956, 7.Aufl.1987, S.135.

[116] Vgl. Barth 1997, S.137 ff.

[117] Vgl. Luhmann, N., Die Realität der Massenmedien, Opladen 1996, S.10.

[118] Vgl. Krysmanski, H.J., Popular Science: Medien, Wissenschaft und Macht in der Postmoderne, Münster 2001, S.21.

[119] Vgl. Rilling, R., Eine Bemerkung zur Rolle des Internets im Kapitalismus, in: Bieling, H.-J.u.a. (Hg.), Flexibler Kapitalismus, Hamburg 2001, S.84-92, S.88f.

wurden nur, vor allem in der Boom-Zeit 1997, überdeckt, auch von einseitig berichtenden Massenmedien. Ihr Widerstandspotential ist jedoch unverkennbar und zeigt sich in der Entwicklung einer neuen Medienethik[120] sowie einer sehr virilen Gegenkultur zum Kommerz des WWW, dessen Glanz und Gloria mit dem Internet-Economy-Crash 2000/2001 ohnehin abgeblättert ist.[121] So ging 1998 die Aufdeckung des unter Ausschluss der Öffentlichkeit fast bis zur Unterzeichnung gebrachten MAI (Multilaterales Abkommen über Investitionen) maßgeblich durch die nicht-kommerziellen Kanäle der Internet-Subkulturen und -Initiativen von statten.[122] Das undurchsichtige internationale Vertragswerk des MAI kam einem Ermächtigungsgesetz für die globalen Konzerne gleich, kein internationaler Vertrag hatte je so tiefe Einschnitte in das Leben jedes einzelnen Menschen auf diesem Planeten angestrebt, kein vergleichbar wichtiger hat je so wenig Medienecho hervorgerufen. Von den Medienkonzernen, aber auch von ARD und ZDF, wurde es nahezu totgeschwiegen –bis über seine Torpedierung durch den subkulturellen Protest und schließlich die aus der Allianz der lichtscheuen OECD-Wirtschaftspolitik ausscherende französische Regierung hinaus.[123]

Reinhard Mohns technokratischer Neokonservatismus

Fragen nach der Verantwortung von Machteliten sind somit auch weder irrelevant noch „alteuropäisch", so Luhmanns übliche Polemik, mit welcher er für sich selbst in Anspruch nimmt, Spitze des Fortschritts zu sein: typische Attitüde des technokratischen Neokonservatismus.[124] Reinhard Mohn ist mit Luhmanns kritik-immunisierender Sicht der Medien sicher sehr zufrieden, hat sie ihn doch von aller Verantwortung frei gesprochen. Mehr noch, Luhmanns Verschwörungs-Unterstellungen haben eine dringend nötige genauere Analyse der mit gewaltiger Finanz- und Medienmacht ins Werk gesetzten Weltanschauungen Mohns aus dem Bereich seriöser Wissenschaft hinaus definiert. Die Mohnschen Ideen kritisch zu durchleuchten, erscheint mir als eines der wichtigsten Desiderate der Privatisierungs- und Medienkritik: Das

---

[120] Alton-Scheidl, R./Barth, T., Moral Matrix Cyberspace: Vom quartären Medium zu einer neuen Medienethik, in: Barth, T., Betzer, C., Eder, J., Narjes, K. (Hg.), Mediale Spielräume, Marburg 2005, S.127-136, S.132ff.

[121] Vgl. Barth, T., Out of Order: 19. Chaos Communication Congress, in: Das Argument 250, 2/2003, S.298 f.

[122] Vgl. Mies, M. u. C.v. Werlhof, Der internationale Widerstand, in: dies. Hg., Lizenz zum Plündern: Das multilaterale Abkommen über Investitionen MAI, Hamburg 1998, S.12-35, S.13ff.

[123] Vgl. Glunk, F.R., Das MAI und die Herrschaft der Konzerne, München 1998; Brie, C.d., Wie das MAI zu Fall gebracht wurde, Le Monde Diplomatique, 8.12.1998.

[124] Vgl. Saage, R., Arbeiterbewegung, Faschismus, Neokonservatismus, Frankfurt 1987, S.233 ff.

von allen Mohn-Institutionen mit fast religiöser Verehrung gepredigte Maß aller Dinge ist die Effizienz. Gemessen wird sie mit Vorliebe in der finanziellen Dimension: Geld regiert die Welt, man diskutiert beispielsweise weniger über Bildung als über Bildungsfinanzierung.[125] Wo das nicht geht, werden auch mal die Betroffenen gefragt: Umfragen, Rankings und Ratings sollen den Segen des Wettbewerbs in alle Bereiche der Gesellschaft bringen, insbesondere in Bildung und Wissenschaft.

Das klingt auf den ersten Blick nicht schlecht, denn schließlich werden wir alle gerne mal um unsere Meinung gefragt. Doch ist diese Beteiligung nicht unbedingt ein Zeichen für Demokratie, denn den *Rahmen* der Teilnahme setzen Technokraten in irgendeinem vorzugsweise von Bertelsmann gesponserten Hinterzimmer. Und der Rahmen bestimmt, was wir bewerten dürfen, worüber wir befragt werden und welche Alternativen uns bleiben. Die Publikation der Ergebnisse oder auch, falls nicht genehm, ihre Unterschlagung übernehmen eben diese Technokraten, gern in Massenmedien aus Gütersloh. Die Medien nutzen Umfragen, Rankings und Ratings, um damit Politiker, demokratische Institutionen und im Zweifelsfall auch die eben noch Befragten selbst unter Druck zu setzen, im Sinne der Ideen aus dem Hause Bertelsmann: Effizienz, Wettbewerb, Kommerz.

Bestes Beispiel sind wieder einmal die Studiengebühren, das Lieblingskind der Bertelsmann-Bildungspolitik: Das CHE publizierte eine selbst lancierte Umfrage, wonach sogar die Studenten selber angeblich gerne für ihre Bildung zahlen würden, unter dem Titel: „Studierende mehrheitlich für Studiengebühren". Nur hatte die Befragung ihnen lediglich verschiedene Gebührenmodelle vorgelegt, ohne die Alternative des freien Studiums zu erwähnen.[126] Wer geglaubt hatte, seine Beteiligung bei der Entwicklung von Modellen sei hier gefragt, war offensichtlich naiv. Man brauchte die Beteiligung der Studierenden, um Studiengebühren überhaupt erst einmal durchzusetzen. Wenn diese dann kommen, ist sehr fraglich, ob ihre Abwicklung oder gar ihre Höhe mit den Betroffenen diskutiert werden wird.

Der Neoliberalismus wird von der Bertelsmann Stiftung offensichtlich mit großem Aufwand an Kulturarbeit, Begleitforschung und Marketing kaschiert und in eine Verantwortungsrhetorik verpackt. Aber am Ende steht notorisch der Appell, eben jene Verantwortung der demokratischen Kontrolle zu entziehen und sie in die Hände angeblicher Experten zu legen. Und das sind auch die Hände der gern im Dunkeln bleibenden Auftraggeber, Stifter,

---

[125] Vgl. Barth, T./Schöller, O., Die Privatisierung der Bildungspolitik, in: *Erziehung und Wissenschaft* Nr.12 2005, S.20-22.

[126] So der Ex- Staatssekretär des NRW-Wissenschaftsministeriums Wolfgang Lieb (www.NachDenkSeiten.de), in: Argumente wider die Gebührenapologeten, Blätter für deutsche und internationale Politik, 5/2004, 567-577, S.577, der hier von bewusster „Irreführung der Öffentlichkeit unter wissenschaftlichem Deckmantel" spricht.

Spender, eben jener Leute, die das Geld haben, um ihnen genehme Experten auszusuchen und zu bezahlen. Ob rabiater Selfmademan oder standesbewusster Konzernerbe, ob Industrieführer oder Finanzaristokrat, sie alle halten sich für Experten in der Auswahl von Experten. Deshalb nehmen sie sich die Freiheit, nicht nur die ökonomische Realität zu gestalten, sondern auch noch die wissenschaftliche Reflexion dieser Realität. Hinter ihren Experten steht die geballte Wirtschafts- und Medienmacht der Auftraggeber, die für eine diskursive Dominanz der so produzierten Realitätsbeschreibungen sorgt. Selten dürften diese Beschreibung von der Interessenlage der Auftraggeber abweichen.

Sicher hatte Reinhard Mohn als Chef der Bertelsmann Stiftung dort niemals die Richtlinienkompetenz eines Verlegers in seinem Blättchen, der jeden unbeugsamen Redakteur sofort vor die Tür setzt. Aber braucht er die bei entsprechender Auswahl der von ihm bezahlten Wissenschaftler überhaupt? Oder anders gefragt, wo sind denn die Studien der Bertelsmänner, die Mohns weltanschaulichen Vorgaben widersprechen? Glaubt man den Ergebnissen aus der Bertelsmann Stiftung, so sind die in Mohns Werken erhobenen Forderungen nach mehr Wettbewerb und weniger Wohlfahrtsstaat über jeden Zweifel erhaben. Es geht nur darum, wie diese Weisheiten, eine Art deutscher Sonderweg in den Neoliberalismus, möglichst schnell in die gesellschaftliche Wirklichkeit umzusetzen sind und wie sie der Öffentlichkeit am besten verkauft werden können. Die von privater Seite bezahlten Experten vertreten also –wenig überraschend– eine Sicht der Dinge, die demokratisch legitimierte Strukturen zugunsten privater Kontrolle abbauen will.

Im Bertelsmannjargon gesprochen geht es darum, staatliche „Überregulierung" zu deregulieren, um sie im Spannungsfeld von Effizienz und sozialer Gerechtigkeit[127] durch die Selbstregulierung der Wirtschaft zu ersetzen. „Den Bock zum Gärtner machen" klingt weniger schön, vor allem dann, wenn selbiger sich mit großem Appetit über die Lebensgrundlagen unserer sozialen Marktwirtschaft, unserer Kultur und Demokratie hermacht. Die Gier der Shareholder nach ihrem Value, nach Aktiendividenden und Steuersenkungen, sieht sich selbst als Vollstreckerin der Effizienz. Einer Effizienz, die ihr objektives, nicht hinterfragbares Maß in der Geschwindigkeit zu haben meint, mit der die wohl gefüllten Bankkonten ihrer Nutznießer noch weiter anwachsen.

Im angeblich scharfen Wind des globalen Wettbewerbs kann den Lobpreisern des Neoliberalismus das Ausplündern der Lebensgrundlagen unserer Gesellschaft gar nicht schnell genug gehen. Was dort an Sozialstaat abgegrast wird, stilisieren jene dreist zu Blütenträumen von „utopistischen, egalitären

---

[127] So Reinhard Mohn et al. 1994 im Vorwort zu „Markt mit Moral", S.8.

Gerechtigkeitsvorstellungen"[128] um: Arbeitnehmerrechte, soziale Sicherheit von Armen, Alten und Kranken, die Freiheit von Forschung und Lehre, das Recht auf Bildung, kurzum, das täglich Brot unserer demokratisch organisierten Gemeinwesen. Reinhard Mohn und die Vertreter seiner Bertelsmann Stiftung bevorzugen dabei die leiseren Töne, denn die neuen Managementlehren ersetzen den harten Führungsstil alter Schule durch Kooperation. Das klingt durchaus freundlicher als das martialische Kriegsgeschrei totalitärer Reaktionäre, die uns in ihren ethno-rassistischen Kampf der Kulturen hetzen wollen und alles tun, um das Zusammenleben der Völker zu militarisieren.

Der kooperative Reaktionär gibt sich dagegen freundlich und fragt uns sogar, unter welchen Bedingungen wir uns denn unsere künftige Leibeigenschaft am besten vorstellen könnten. Anders gesagt: hätten wir nur die Wahl zwischen Pest und Cholera, würden wir uns wohl für die Cholera entscheiden. Da uns die Infektion mit den Erregern aber als medizinische Maßnahme angeboten wird, noch dazu zur Linderung einer Krankheit, die uns zuvor erst mit immensem Aufwand eingeredet wurde –sollten wir doch besser dankend ablehnen. Denn besagte Krankheit, welche angeblich unsere demokratischen Sozialstaaten befallen hat, die Globalisierung,[129] ist vielleicht gar nicht das schicksalhafte Übel, so wie es jene Quacksalber darstellen, deren Medizin wir teuer bezahlen sollen.

Der geforderte Preis ist unsere Freiheit, deren Ausübung bislang der Garant für eine zumindest gewisse Gerechtigkeit bei der Verteilung des Wohlstandes unserer modernen Industriegesellschaften ist. Es handelt sich dabei um jenen Wohlstand, dessen klammheimliche Umschichtung in die Taschen einer kleinen Schicht von Globalisierungsgewinnlern immer dreister betrieben wird.[130] Wäre die Globalisierung jene schicksalhafte Krankheit, als welche die Mainstream-Medien sie uns vorzugaukeln suchen, selbst dann würden uns gewiss bessere Heilkuren zu ihrer Linderung einfallen. Es gibt Besseres, als uns von angeblichen Überregulierungen wie Tarifverträgen, freier Bildung und Gesundheitsversorgung befreien zu lassen, um dann angeblich „selbstbestimmt und selbstverantwortlich" zur Subsidiarität der verelendeten Proletarier des 19.Jahrhunderts zurückzukehren.

---

[128] Bickenbach, F. u.a., Einführung und Resümee, in: Bertelsmann-, Nixdorf- u. Ludwig-Erhard-Stiftung (Hg.), Markt mit Moral, Gütersloh 1994, S.11-16, S.13.

[129] Vgl. Altvater, E. u. Mahnkopf, B., Grenzen der Globalisierung: Ökonomie, Ökologie und Politik, Münster 1996, S.557 ff.

[130] Vgl. z.B. Klein, Dieter, Milliardäre –Kassenlehre: Rätselhafter Verbleib des anschwellenden Reichtums, Berlin 2006.

Bildung: Lugano-Report vom CHE?

Mehr Arbeit für weniger Lohn, weniger Bildung, aber dafür zahlen, weniger Gesundheit, aber Kommerz in Pflege und Medizin[131] –ist das eine kluge Zukunftsvision? Vielleicht ist das Ziel, welches heute immer mehr Menschen als vernünftige Perspektive erkennen, nicht so schwer zu erreichen, wie die von Bertelsmann & Co. alimentierten Steuersenker und Leere-Kassen-Apologeten uns einreden wollen: „Wir versuchen, die internationale Sphäre zu demokratisieren und eine Welt zu schaffen, in der alle Menschen ein anständiges und würdiges Leben führen können."[132]

Vielleicht trennt uns wenig mehr von diesem Ziel als der mediale Schleier des propagandistischen Dauerfeuers von Medienkonzernen wie den Güterslohern. Ein medialer Schleier, der es erlaubt, seine Kritiker mundtot zu machen, ohne sie einzukerkern, einfach durch die pure Macht der multimedialen Wiederholung von Lügen.[133] Eine Grundbedingung, dieses auf dem Berliner ATTAC-Kongress 2001 formulierte Ziel erreichen zu können, ist mit Sicherheit der freie, nicht kommerziell reglementierte Zugang zu einer Bildung, die diesen Namen verdient, einer Bildung, die weder zur Ware einer angeblichen „Wissensgesellschaft", in Wahrheit eines Wissenskapitalismus, noch zur bloßen Ausbildung verkommen ist. Womöglich ist das Bildungssystem auch deshalb so wütenden Angriffen ausgesetzt, weil es nach dem Mediensystem, das weitgehend an den Neoliberalismus gefallen ist, das letzte Bollwerk gegen den Amoklauf einer technokratischen und ökonomistischen Ideologie ist. Welche Pläne angeblicher „Reformen" noch auf uns warten, wird man uns nicht sagen, ehe es zu spät ist. Aus der Sicht der ökonomischen „Eliten" und ihrer medialen und politischen Handlanger handelt es sich um Geschäftsgeheimnisse der großen Konzerne, und so bedarf es einer finsteren Fantasie sie auch nur zu erahnen.[134]

Marktradikales, neoliberales, ökonomistisches Denken kennt keine Werte außer dem Zinsgewinn auf eingesetztes Kapital und dessen in die

---

[131] Vgl. Kolb, Stephan, 1001 Geschichten: Über die Kommerzialisierung unseres Gesundheitswesens –eine Kampagne, Dr. med. Mabuse Zeitschrift für alle Gesundheitsberufe, Nr.160, März/April 2006, S.23.

[132] George, Susan, Wir sind nicht mehr in der Defensive, in: Cassen, B. u.a. Eine andere Welt ist möglich! Dokumentation des Attac-Kongresses 19.-21.10.2001 in Berlin, Hamburg 2002, S.142- 150, S.150.

[133] Vgl. z.B. Boxenberg, G./Klimenta, H., Die 10 Globalisierungslügen, München 1998; Müller, A., Die Reformlüge, München 2004.

[134] Vgl. George, Susan, Der Lugano-Report oder Ist der Kapitalismus noch zu retten? Reinbeck 2001, die satirisch den makabren Gedanken ausspinnt, bei anonymen Konzern-chefs eine Strategie zum geplanten globalen Völkermord mittels Massenarbeitslosigkeit, Welthunger, Krankheiten bzw. in reichen Ländern mittels Fehlernährung, Tabakkonsum etc. zu beobachten –alles zwecks Rettung der kapitalistischen Wirtschaftsordnung.

Unendlichkeit gedachten Fortbestand als ökonomische Machtstruktur.[135] Es kann nicht erkennen, dass der Reichtum der modernen Welt auf dem Fortschritt der Bildung, der Wissenschaft, der Vernunft beruht und nicht allein auf dem Fortschritt der Technik. Die Ideologen des Shareholder Value werden ohne zu zögern die Axt an den Baum der Erkenntnis legen, obgleich sie von dessen Früchten zuallererst und am allermeisten profitiert haben. Sie werden ihn fällen, um seinen Stamm als Brennholz zu verkaufen, denn die nächste Ernte abzuwarten liegt außerhalb ihres Horizontes.

---

[135] Ein Fortbestand, der bei Reinhard Mohn freilich zur partriarchalischen Verantwortung für die Unternehmenskontinuität aufgewertet wird, vgl. Mohn, R., Erfolg durch Partnerschaft: Eine Unternehmensstrategie für den Menschen, Berlin 1986, S.174 ff.

Literaturverzeichnis

Alton-Scheidl, R./Barth, T., Moral Matrix Cyberspace: Vom quartären Medium zu einer neuen Medienethik, in: Barth, T., Betzer, C. u.a. (Hg.), Mediale Spielräume, Marburg 2005, S.127-136.

Altvater, E./Mahnkopf, B., Grenzen der Globalisierung: Ökonomie, Ökologie und Politik, Münster 1996.

Anders, Günther, Die Antiquiertheit des Menschen Bd.1: Über die Seele im Zeitalter der zweiten industriellen Revolution, München 1956, 7.Aufl.1987.

Anheier, Helmut, Das Stiftungswesen in Deutschland: Eine Bestandsaufnahme in Zahlen, in: Die Bertelsmann Stiftung (Hg.), Handbuch Stiftungen, Wiesbaden 2003.

Apeldoorn, Bastian van, Transnationale Klassen und europäisches Regieren: Der European Round Table of Industrialists, in: Bieling/Steinhilber 2000, S.189-221.

Balanyá, Belen u.a., Konzern Europa: Die unkontrollierte Macht der Unternehmen, Zürich 2001.

Barth, T., Soziale Kontrolle in der Informationsgesellschaft, Pfaffenweiler 1997.

Barth, T., Out of Order: 19.Chaos Communication Congress, in: Das Argument 250, 2/2003, S.298 f.

Barth, T./Schöller, O., Der Lockruf der Stifter: Bertelsmann und die Privatisierung der Bildungspolitik, *Blätter f. dt. u. int. Politik* Nr.11 2005, S.1339-1348.

Barth, T./Schöller, O., Die Privatisierung der Bildungspolitik, in: *Erziehung und Wissenschaft* Nr.12 2005, S.20-22.

Becker, Jörg, Der Bertelsmann-Konzern, in: Prokop, Dieter, Medienforschung, Bd.1: Konzerne, Macher, Kontrolleure, Frankfurt 1985, S.48-82.

Becker, Jörg, Informations- und Kommunikationstechnologien in der Kontrollgesellschaft, in: *Widerspruch* 45/2003, S. 11-28.

Bennhold, Martin, Die Bertelsmannstiftung, das CHE und die Hochschulreform: Politik der ‚Reformen' als Politik der Unterwerfung, in: Lohmann 2002, S. 279-299.

Benz, Arthur, Governance – Regieren in komplexen Regelsystemen, Wiesbaden 2004.

Bertelsmann Stiftung (Hg.), Zukunft gewinnen –Bildung erneuern, Goldmann Verlag (Verlagsgruppe Bertelsmann), München 1999.

Bertelsmann-, Nixdorf- u. Ludwig-Erhard-Stiftung (Hg.), Markt mit Moral: Das ethische Fundament der Sozialen Marktwirtschaft. Beiträge einer Fachkonferenz, Verlag Bertelsmann Stiftung, Gütersloh 1994.

Bertelsmann-Stiftung (Hg.), Operative Stiftungsarbeit. Strategien – Instrumente – Perspektiven, Gütersloh 1997.

Bickenbach, F. u.a., Einführung und Resümee, in: Bertelsmann-, Nixdorf- u. Ludwig-Erhard-Stiftung (Hg.), Markt mit Moral, Verlag Bertelsmann Stiftung, Gütersloh 1994, S.11-16.

Bieling, H.-J., Dörre, K.u.a. (Hg.), Flexibler Kapitalismus, Hamburg 2001.

Bieling, Hans-Jürgen / Steinhilber, Jochen (Hg.), Die Konfiguration Europas, Münster 2000.

Bildungskommission des Landes NRW, Zukunft der Bildung – Schule der Zukunft, Neuwied 1995.

Böckelmann, Frank/Hersch Fischler, Bertelsmann, Hinter der Fassade des Medienimperiums, Frankfurt/M. 2004.

Bourdieu, Pierre, Gegenfeuer. Wortmeldungen im Dienste des Widerstands gegen die neoliberale Invasion, Konstanz 1998.

Bourdieu, Pierre, Die sozialen Bewegungen zusammenführen, ohne zu vereinheitlichen, in: Bourdieu, P. u.a. (Hg.), Neue Wege der Regulierung: Vom Terror der Ökonomie zum Primat der Politik, Hamburg 2001, S.12-25.

Boxenberg, G./Klimenta, H., Die 10 Globalisierungslügen: Alternativen zur Allmacht des Marktes, München 1998.

Brie, C.d., Wie das MAI zu Fall gebracht wurde, Le Monde Diplomatique, 8.12.1998.

Bultmann, Torsten/ Oliver Schöller, Die Zukunft des Bildungssystems: Lernen auf Abruf – eigenverantwortlich und lebenslänglich! Oder: Die langfristige Entwicklung und politische Implementierung eines postindustriellen Bildungsparadigmas, in: PROKLA Nr.131, 2003, S.331-354.

Bundesmann, Jansen / Pekruhl, Ulrich, Der Medienkonzern Bertelsmann – Neues Management und gewerkschaftliche Betriebspolitik, Düsseldorf 1992 (=HBS-Forschung, Bd. 7).

Bussemer, Thymian, Medien als Kriegswaffe. In: Aus Politik und Zeitgeschichte, Beilage zum ‚Parlament'. 49-50/ 2003, S. 20-28.

Carsten Keller/Oliver Schöller, Autoritäre Bildung, in: Uwe Bittlingmayer u.a. (Hg.), Theorie als Kampf? Opladen 2002.

Chomsky, Noam, People without Rights: Kosovo, Ost-Timor und der Westen, Hamburg/Wien 2002.

Chomsky, Noam, Media Control. Wie die Medien uns manipulieren, Hamburg/Wien 2003 (amerik. Original 2002).

Christ, S., Studieren auf Pump, UniSpiegel 2/2006, S.8-15.

Deleuze, G., Das elektronische Halsband: Innenansichten der kontrollierten Gesellschaft, in: Kriminologisches Journal, 24.Jg., Nr.3/1992, S.181-186.

Deleuze, G., Foucault, Frankfurt 1992.

DIHT (Hg.), Autonomie, Wettbewerb, Profilbildung. Vorschläge der Spitzenverbände der Wirtschaft zur Reform des Hochschulwesens, Bonn/ Köln 1997.

Fischler, H., Hans Schneiders unvollendetes Manuskript „Neues vom Reichstagsbrand?". Ein unbequemer Forschungsbericht und seine Unterdrückung im Münchner Institut für Zeitgeschichte, in: Schneider, H., Neues vom Reichstagsbrand? Eine Dokumentation. Ein Versäumnis der deutschen Geschichtsschreibung, Berlin 2004, S.37-52.

Foucault, M., Analytik der Macht, Frankfurt 2005.

Frein, Michael, Katzenjammer bei der WTO, Blätter f.dt.u.int. Politik 12/2005, S.1440-43.

Fritz, Thomas / Scherrer, Christoph, GATS: Zu wessen Diensten? Hamburg 2002.

Fritz, Thomas, Bolkesteins Hammer, Blätter f.dt.u.int. Politik Nr.2 2005, S.143-146.

Fritz, Thomas, Die letzte Grenze – GATS: Die Dienstleistungsverhandlungen in der WTO. Hrsg. von weed/Weltwirtschaft, Ökologie und Entwicklung e. V. Berlin 2003.

George, Susan, Der Lugano-Report oder Ist der Kapitalismus noch zu retten? Reinbeck 2001.

George, Susan, Wir sind nicht mehr in der Defensive, in: Cassen, B. u.a. Eine andere Welt ist möglich! Dokumentation des Attac-Kongresses 19.-21.10.2001 in Berlin, Hamburg 2002, S.142- 150, S.150.

Glunk, F.R., Das MAI und die Herrschaft der Konzerne, München 1998.

Greven, T./O. Jarasch, Für eine lebendige Wissenschaft des Politischen, Frankfurt, 1999.

Hachmeister, Lutz/Rager, Günther, Wer beherrscht die Medien? Die 50 größten Medienkonzerne der Welt, München 2005.

Haug, W.F., Untergang der deutschen Linksregierung –Aufstieg der Linkspartei, *Das Argument* 262/2005, S.451-458.

Heinrich Böll-Stiftung, Bildungsfinanzierung in der Wissensgesellschaft, Berlin 2001.

Heseler, H., Huffschmidt, J. u.a. (Hg.), Gegen die Markt-Orthodoxie. Perspektiven einer demokratischen und solidarischen Wirtschaft, Hamburg 2002.

Hickel, R., Kisker, K.P.u.a. (Hg.), Politik des Kapitals –heute, Hamburg 2000.

Hochschulrektorenkonferenz, Zur Finanzierung der Hochschulen, Bonn 1996

Kimmich, D. /A.Thumfart, Universität und Wissensgesellschaft: Was heißt Autonomie für die moderne Hochschule?, in: dies. (Hg.), Universität ohne Zukunft? Frankfurt 2004, S.7-35.

Klein, Dieter, Milliardäre –Kassenlehre: Rätselhafter Verbleib des anschwellenden Reichtums, Berlin 2006.

Kocka, Jürgen. Die Rolle der Stiftungen in der Bürgergesellschaft der Zukunft, in: *Aus Politik und Zeitgeschichte* B 14/2004, S. 3 f.

Kolb, Stephan, 1001 Geschichten über die Kommerzialisierung unseres Gesundheitswesens –eine Kampagne, *Dr.med.Mabuse Zeitschrift für alle Gesundheitsberufe*, Nr.160, März/April 2006, S.23.

Krysmanski, H.J., Popular Science: Medien, Wissenschaft und Macht in der Postmoderne, Münster 2001.

Lehning, Thomas, Das Medienhaus: Geschichte und Gegenwart des Bertelsmann-Konzerns, München 2004.

Leidinger, Christiane, Medien, Herrschaft, Globalisierung. Folgenabschätzung zu Medieninhalten im Zuge transnationaler Konzentrationsprozesse, Münster 2003.

Lieb, Wolfgang, Argumente wider die Gebührenapologeten, *Blätter für deutsche und internationale Politik*, 5/2004, 567-577.

Liedtke, Rüdiger, Wem gehört die Republik? Die Konzerne und ihre Verflechtungen: Namen, Zahlen, Fakten 2004, Frankfurt/M. 2003 (wird jährlich überarbeitet).

Liedtke, Rüdiger, Wem gehört die Republik? Die Konzerne und ihre Verflechtungen,: Namen, Zahlen, Fakten 2005, Frankfurt/M. 2004.

Lohmann, Ingrid/ Rilling, Rainer (Hg.), Die verkaufte Bildung, Opladen 2002.

Luhmann, N., Die Realität der Massenmedien, Opladen 1996.

Machold, U., Keynes? Ja, aber intelligent, *Welt am Sonntag* Nr.27, Juli 2004, S.30.

Mellenthin, Knut, National Endowment for Democracy – NED: die Fortsetzung der CIA mit anderen Mitteln, in: *Junge Welt*, 28.07.2005.

Mies, M. u. C.v. Werlhof, Der internationale Widerstand, in: dies. Hg., Lizenz zum Plündern: Das multilaterale Abkommen über Investitionen MAI, Hamburg 1998.

Mohn, R., Erfolg durch Partnerschaft: Eine Unternehmensstrategie für den Menschen, Berlin 1986.

Mohn, R. et al. 1994 im Vorwort zu „Markt mit Moral", in: Bertelsmann-, Nixdorf- u. Ludwig-Erhard-Stiftung (Hg.), Markt mit Moral: Das ethische Fundament der Sozialen Marktwirtschaft. Beiträge einer Fachkonferenz, Verlag Bertelsmann Stiftung, Gütersloh 1994.

Mohn, R., Die gesellschaftliche Verantwortung des Unternehmers, München 2003.

Müller, Albrecht, Das Elend der Reformdebatte. In: *Aus Politik und Zeitgeschichte*, Beilage zum ‚Parlament'. 51/ 2003, S. 3-10.

Müller, Albrecht, Die Reformlüge. 40 Denkfehler, Mythen und Legenden, mit denen Politik und Wirtschaft Deutschland ruinieren, München 2004.

Müller, Albrecht, Von der Parteiendemokratie zur Mediendemokratie, Opladen 1999.

Müller, Albrecht, Machtwahn. Wie eine mittelmäßige Führungselite uns zugrunde richtet, München 2006.

Müller, C. u. Lafontaine, O., Stehvermögen, in: Heseler, H., Huffschmidt, J. u.a. (Hg.), Gegen die Markt-Orthodoxie. Perspektiven einer demokratischen und solidarischen Wirtschaft, Hamburg 2002, S.106-109.

Müller-Ullrich, Burkhard, Medienmärchen: Gesinnungstäter im Journalismus, München 1998.

Netzwerk Europäische Lernprozesse (NELP), Manifest "Bildung für die Arbeits- und Wissensgesellschaft", Hannover 2002.

Nollmann, Gerd, Die stille Umverteilung, in: *Kölner Zeitschrift für Soziologie und Sozialpsychologie*, Heft 3/2003, S.500 f.

Ott, Michaela, Gilles Deleuze zur Einführung, Hamburg 2005.

Paech, Norman, Die sozialen, ökonomischen und kulturellen Menschenrechte im Rechtssystem der internationalen Wirtschafts- und Handelsordnung. Hrsg. von der Friedrich Ebert Stiftung, Bonn 2003.

Prokop, Dieter, Medienforschung, Bd.1: Konzerne, Macher, Kontrolleure, Frankfurt 1985.

Prokop, Dieter, Die Unzufriedenheit mit den Medien: Das Theorie-Erzählbuch der neuen kritischen Medienforschung, Hamburg 2002.

Rilling, R., Eine Bemerkung zur Rolle des Internets im Kapitalismus, in: Bieling, H.-J.u.a. (Hg.), Flexibler Kapitalismus, Hamburg 2001, S.84-92.

Rosenkranz, J. u. Eva Häberle, Das rote Gespenst, Stern Nr.36/2005, S.30-34.

Saage, R., Arbeiterbewegung, Faschismus, Neokonservatismus, Frankfurt 1987.

Schaper-Rinkel, Petra, Die europäische Informationsgesellschaft, Münster 2003.

Schneider, H., Neues vom Reichstagsbrand? Eine Dokumentation. Ein Versäumnis der deutschen Geschichtsschreibung, Berlin 2004.

Schöller, Oliver, ‚Geistige Orientierung' der Bertelsmann-Stiftung. Beiträge einer deutschen Denkfabrik zur gesellschaftlichen Konstruktion von Wirklichkeit, in: *PROKLA* 122/1 2001, S. 123-143.

Schui, H. u. S. Blankenburg, Neoliberalismus: Theorie, Gegner, Praxis, Hamburg 2002.

Schuler, Thomas, Die Mohns. Vom Provinzhändler zum Weltkonzern: Die Familie hinter Bertelsmann, Frankfurt/M. 2004.

Schulski-Haddouti, Christiane, Der Reichstagsbrand, www.telepolis.de (25.02.2006).

Sjurts, Insa , Strategien in der Medienbranche, Wiesbaden 2003.

Steffen, J., Jansen, A., Redaktion Sozialismus, Bilanz der Ära Kohl: Sozialabbau und Umverteilung, *Supplement Sozialismus* Nr.5 1998.

Stofer, Wolfgang, Auswirkungen der Alleinstellung auf die politischen Aussage der Wilhelmshavener Zeitung, Dissertation.

Tobler, Ruedi, GATS: Ende des öffentlichen Bildungswesens? in: *Widerspruch* 45/ 2003, S. 115-128.

Thürmer-Rohr, Christina, Neugier und Askese: Vom Siechtum des dialogischen Prinzips an der Dienstleistungs-Universität, in: Greven, T./O. Jarasch, Für eine lebendige Wissenschaft des Politischen, Frankfurt, 1999, S.61-74.

Waltermann, J./Marcel Machill (Hg.) Verantwortung im Internet. Selbstregulierung und Jugendschutz, Verlag Bertelsmann Stiftung, Gütersloh 2000.

weed/ Weltwirtschaft, Ökologie und Entwicklung e. V. (Hg.), GATS und Demokratie, Bonn 2001.

Weidenfeld, Werner/Turek, Jürgen, Technopoly – Europa im globalen Wettbewerb, Gütersloh 1993.

Widerspruch 45, Wissen, Bildung, Informationstechnologie, Zürich 2003.

Wisnewski, G., Die Fernsehdiktatur: Kippen Medienzaren die Demokratie? München 1995.

WTO/Welthandelsorganisation, München 2003 (=Beck-Texte im dtv, 5752).

Zinn, K.G., Der Kapitalismus der nächsten Generation, in: Hickel, R., Kisker, K.P.u.a. (Hg.), Politik des Kapitals –heute, Hamburg 2000, S.74-90.

Medienkritische Internetportale

www.medienwatch.de (attac hamburg, ag demokratie und information)

www.NachDenkSeiten.de (Albrecht Müller/Wolfgang Lieb)

www.steinbergrecherche.de (globalisierung, energiepolitik)

www.medienkritik.de, www.indymedia.de, www.telepolis.de

Sach- und Personen-Index

Abkürzungsverzeichnis

ATTAC	Association pour une taxation d.transaction financières pour l'aide aux citoyens
BDA	Bundesvereinigung der Deutschen Arbeitgeberverbände
BDI	Bundesverband der Deutschen Industrie
BDZV	Bundesverband der Deutschen Zeitungsverleger
BMG	Bertelsmann Music Group
BTI	Bertelsmann Transformation Index
Btm	Bertelsmann
BWL	Betriebswirtschaftslehre
CAP	Centrum für Angewandte Politikforschung
CCC	Chaos Computer Club
CHE	Centrum für Hochschulentwicklung
CIA	Central Intelligence Agency
CSI	Coalition of Services Industries (USA)
DIHT	Deutscher Industrie- und Handelstag
ERT	European Roundtable of Industrialists
ESF	European Services Forum
FSK	Freies Senderkombinat
GATE	Global Alliance for Transnational Education
GATS	General Agreement on Trade in Services
GTZ	Deutschen Gesellschaft für Technische Zusammenarbeit
HRK	Hochschulrektorenkonferenz
INSM	Initiative Neue Soziale Marktwirtschaft
IWF	Internationaler Währungsfond
MAI	Multilateral Aggreement on Investments
NED	National Endowment for Democracy
TABD	Trans-Atlantic Business Dialog
TRIPS	Trade Related Aspects of Intellectual Property Rights
UFA	Universal-Film AG
UNICE	Union der Industrie- und Arbeitgeberverbände in Europa
WTO	World Trade Organization
WWW	World Wide Web
WZB	Wissenschaftszentrum Berlin